LA VENTA ESTÀ CERRADA

DEJA DE HABLAR

Por

Ira Levofsky

La venta está cerrada – Deja de hablar
Copyright © 2017 por Ira Levofsky

ISBN-13: 978-1547056446
ISBN-10: 1547056444

AGRADECIMIENTOS

PRIMERO UNA ACLARATORIA: SI ALGUNA DE
LAS HISTORIAS DE ESTE LIBRO SE ASEMEJA A LA
TUYA, ALGUIEN PARA QUIEN TRABAJÉ EN EL
PASADO Y ERES REPRESENTADO COMO UN
COMPLETO ESTÚPIDO, ES PORQUE LO ERES.
LOS NOMBRES Y LAS SITUACIONES HAN SIDO
CAMBIADOS.

¡PERO TÚ SABES QUIÉN ERES!

TABLA DE CONTENIDOS

AGRADECIMIENTOS

Primero una aclaratoria: Si alguna de las historias de este libro se asemeja a la tuya, alguien para quien trabajé en el pasado y eres representado como un completo estúpido, es porque lo eres. Los nombres y las situaciones han sido cambiados.

¡Pero tú sabes quién eres!

Este libro está dedicado a todos aquellos que salen a la calle cada día sin certezas sobre cuanto ganarán y sin embargo se superan y tienen éxito.

No hay ni grupos de autoayuda ni programas del gobierno que te muestren el camino al éxito o a adquirir las habilidades que te ayudarán a pedir la venta.

He intentado de todo. Recientemente incluso me uní a un grupo de procrastinadores y les haré saber si eso ayuda. Nos reuniremos pronto.

El camino al éxito en ventas está pavimentado con zapatos gastados y cierres creativos.

Espero que este libro te ayude a mejorar tu porcentaje y acelerar tu éxito.

¡Este libro está dedicado a ti!

Tuve una cita con el doctor

Como muchas otras, la oficina de mi doctor está en un edificio de tres pisos lleno de otros negocios médicos. Como un subproducto de mis años llamando a puerta fría, a pesar de que su oficina está a la derecha del elevador, crucé a la derecha como siempre hago cuando trabajo un edificio.

Caminando por el pasillo observe que a pesar de que hay toda clase de doctores, especialistas y laboratorios en ese piso, los carteles de sus puertas no tenían la misma forma o tipo de letra. Sin embargo, una cosa destacó para mí como un tema común.

Cada uno, incluyendo la oficina de mi doctor, incluía un mensaje de "No se aceptan vendedores".

 Digo un mensaje porque no había anuncios formales, simplemente las palabras "No se aceptan vendedores" hechas en una máquina etiquetadora o incluso escritas a máquina en un papel pequeño y pegadas a la puerta de entrada.

La oficina de mi doctor incluso tenía una página en el vidrio escarchado que separaba a la recepcionista del lobby en la que se leía "Los vendedores puerta a puerta no son bienvenidos aquí." (¿Pero la tuberculosis si?)

Ahora empezó el juego de la espera. Por cierto, realmente creo que hay apuestas diarias en la oficina sobre cuánto tiempo logran hacer que esperes antes de golpear en el vidrio escarchado, justo al lado del cartel pegado al vidrio que dice "Por favor, no golpee el vidrio"

En fin, todo este tiempo libre en mis manos me hizo pensar. Hay nueve oficinas en el segundo piso, y asumiendo que el edificio está bastante estructurado, supuse que habría unas 25 oficinas en el edificio.

Y ahora te estarás preguntando ¿Y qué me importa eso?

Bien, solo espera por un minuto y veras.

Como un autoproclamado experto en esto de las ventas, se me ocurrió el siguiente experimento de ventas.

Aquí, en un edificio, tenemos veinticinco blancos que podrían necesitar un cartel apropiado de "No se aceptan vendedores". Así que para no sesgar los números, no vamos a incluir a mi doctor, donde podría tener una ventaja injusta y hagamos que sean veinticuatro blancos.
Asumiendo que una tercera parte podrían estar cerrados la primera vez que llame, una vez que mi cita concluyera el experimento empezaría.

Casualmente había un Home Depot en la misma calle y al preguntar a solo tres "asociados" donde estaban los carteles para puertas, llegué al estante de los carteles de "No se aceptan vendedores".

Recordando las costumbres poco llamativas de los médicos que eran mis blancos, los carteles de "No se aceptan vendedores" de 8 por 10 pulgadas en rojo brillante y blanco estaban obviamente fuera.

Sin embargo había una placa de color marrón puerta con una letra muy moderada aproximadamente del tamaño de una barra de caramelo que parecía el producto perfecto para nuestro experimento.

Con nueve de ellas en el estante y un costo de $1.97 cada una, además de un pequeño rollo de cinta pegante de dos caras que costó $3.00, el total del costo de inventario y suministros, incluyendo impuestos, fue de $22.18.

Sin preparación, tal como estaba para este repentino experimento, no tenía tijeras en el auto para cortar la cinta pegante de dos caras.

No obstante había un cortaúñas en la bolsa de ventas y el ingenio se hizo cargo. (MacGyver chúpate esa.)

Finalmente, tras vaciar por completo la bolsa de ventas y luego rellenándola con los carteles listos para colgarse, era hora de atacar el piso más alto del edificio.

Ahora únanse a mí en este viaje e imaginen entrar a la primera oficina tocando en el vidrio y cuando abre la arpía en el otro lado dice: "¿No puede leer el cartel?"

"Eso es precisamente por lo que estoy aquí," digo. "¿Puedo hablar con el gerente de la oficina por favor?"

Cuando la perra enojada de la gerente de oficina aparece en la puerta parcialmente abierta me dice que no se aceptan vendedores en el edificio y me pregunta "¿No vio usted el cartel?"

"No," le digo, "y es por eso que estoy aquí. Parece que hay vendedores caminando por el edificio (Gracioso ¿Cierto?) y aquí estoy yo con estos hermosos carteles de No se Aceptan Vendedores, fáciles de leer pero de buen gusto.
Cuestan $5.00 cada uno con la instalación incluida. Puedo colgar uno en su puerta o muro en este momento y nunca le molestarán de nuevo esos molestos vendedores de nuevo."

La ironía, si solo Freud estuviera vivo estaríamos en Starbucks riéndonos de esta.

Incitándola un poco sale a la puerta principal. Luego, sosteniendo el cartel en posición para que cubra el cartel de papel pegado y eso es todo lo que se necesita. Entra a la oficina para buscar un billete de cinco dólares, yo remuevo el papel brillante blanco de la cinta pegante de dos caras e instalo el cartel. Mientras acepto con gracia el pago, le aseguro una vez más que sus días de ser molestada por vendedores han acabado.

Luego, con explicar a otros en el edificio como sus vecinos, incluso en ese mismo piso, tenían a vendedores acercándose a sus puertas y compraron estos carteles para mantenerlos alejados, la siguiente venta está hecha. Esta combinación de presentación y cierre se repite a si misma cinco veces seguidas hasta que me quedo sin carteles.

Ah, bien, veo que estas prestando atención. Te estas preguntando qué pasó con los otros cuatro carteles. Bien, dos de las oficinas de los médicos tenían tres puertas y por supuesto necesitaban un cartel para cada puerta.

Ahora nos encontramos aquí con un tremendamente exitoso experimento además de $22.82 en ganancias que ahora es dinero para el Starbucks en el cenicero del auto.

Te entiendo. No estás aquí para no tener tu taza de café por este esfuerzo exitoso. Así que ve a buscar una taza y sigue leyendo. Valdrá la pena tu tiempo mientras tu mente se abre a ver las oportunidades que de otro modo habrías pasado por alto en tu tiempo de descanso, mientras esperas y juegas algún juego en tu teléfono.

Ahora, siempre he sido un "Soñador de las Ventas" buscando el próximo cliente en algún mercado por descubrir y teniendo tan solo nueve años me di cuenta de oportunidades no exploradas.

Mientras estaba en una farmacia, unas mujeres mayores de un alto edificio de apartamento en el vecindario estaban comprando la última tendencia. Aretes con colores contrastantes pintados en ellos. Ya sabes, aretes negros con puntos blancos o aretes blancos con puntos negros.

Ahora, siendo la ciudad de Nueva York, había literalmente miles de apartamentos justo aquí en el vecindario y me pregunté cuántas de estas personas mayores simplemente no podían o no querían hacer el viaje a la tienda para comprar. No, esto fue AI. Antes de Internet. Vamos, incluso los teléfonos con botones todavía no existían.

Si, lo teníamos duro entonces, pero incluso con las nuevas compras por Internet de hoy en día, sigue habiendo un mercado enorme allí afuera, de prospectos, blancos que necesitan estar cara a cara para apretar el gatillo y comprar algo.

En fin, le pregunte al farmaceuta donde obtuvo los aretes y resultó que había un representante local del fabricante que le suministraba los aretes. Usando el dinero que ahorré de propinas por ayudar a los miembros de ese mismo grupo de personas mayores a llevar sus compras a casa, busqué al representante de mercadeo local y le compré un suministro de aretes.

Luego, empezando por el piso más alto del primer edificio, cruzando a la izquierda, empecé a tocar y a vender puerta a puerta.

De hecho, pude ver a una mujer desnuda por primera vez, pero eso es para mis libros Aventuras de Sparky.

Para resumir la historia (Si, si puedo), mi venta puerta a puerta de aretes me llevó a mis ventas puerta a puerta de spray para baño de naranja. Antes de darme cuenta mi éxito me llevó a un trabajo de tiempo completo (después de la escuela y en fines de semana) y administré una tienda de ladrillos y morteros en el vecindario para ese mismo representante de marketing que era mi proveedor.

Bueno, de hecho era una tienda de Sears en el estacionamiento de una gasolinera de Gulf en Queens, pero para mí era como el Macy's de la calle 34th.

Vendíamos afiches, luces negras, papel para cigarrillos y otros productos de aquellos tiempos y aunque las preguntas sobre lo impropio, la legalidad y finalmente de los márgenes de ganancia nos hicieron cerrar, eso no fue hasta que aprendí algunas duras lecciones sobre las ventas y la vida en general.

En ese pequeño y concurrido puesto de venta al por menor, rodeado de una nueva clase de consumidor, confronté temprano y frecuentemente, temas sobre las personas, personalidad, honestidad, dinero deshonesto, inventarios y todas las preocupaciones que implicaba manejar un negocio.

Aprendiendo, dominando y superando estos temas, incluso a esa tan corta e impresionable edad, me ayudó a ser exitoso más tarde en la vida, y este libro muchas de estas lecciones que aún son válidas hoy te son entregadas a ti.

Solo porque algo ocurrió ayer no quiere decir que no sucederá de nuevo mañana y algo que no funcionó hoy con unos pequeños ajustes bien puede funcionar la próxima semana.

Sé que estos pequeños ejemplos de éxitos y fracasos que encontrarás en este libro te ayudarán de alguna manera a encontrar la forma de diferenciarte de la multitud y transformar esa diferencia en dinero.

Es mi sincero deseo que las ideas que crees tras leer este nuevo libro te sean tan útiles en tu carrera como lo han sido en la mía.

De acuerdo a la mayoría de los cientos de representantes de ventas que he entrenado a lo largo de muchos años, hasta el día de hoy, mis métodos poco ortodoxos y a veces políticamente incorrectos, les han sido muy útiles.

El propósito es conseguir ganar tanto como puedas siendo un profesional honesto y darle una buena vida tanto a ti como tu familia.

Empecemos,

Por cierto, soy el chico gordo en el medio con la camisa blanca.

¿Para qué leer esto?

¿Porque pagaste por él?

No es una mala razón, sin embargo ambos sabemos que en el pasado has comprado y pagado por alguna taza de café que era tan mala que la dejaste en la taza o por una Coca Cola que se convirtió en no más que un cilindro de papel de agua tibia de color marrón claro. Luego lanzaste esa respectiva compra inútil por la ventana del auto ¿Recuerdas?

Sí, yo estaba en esa moto detrás de ti. Gracias tardías imbécil.

Ahora combina esa memoria con esa compra por catálogo que fue un pedazo de basura barata China que ni siquiera valía el esfuerzo del viaje a la oficina de correo para devolverla, así que fue a dar a la basura.

¿Ves? Tú mismo has confirmado y probado a través de tus acciones que solo porque pagaste por algo no significa que tenga ningún valor real para ti.

Ahora, más que mostrar que eres inteligente y que estás buscando maneras para mejorar como persona, la compra de este libro ha significado muy poco hasta ahora.

Pero cambiemos eso ahora mismo. La razón por la que lees mis libros es porque tú y tus amigos en Facebook (luego de tu recomendación claro) habiendo leído mis libros tendrán una nueva lista de puntos a discutir con los cuales avanzar en su carrera, aumentando sus ingresos y disfrutando de sus vidas.
Por eso es que lo compraste. Es mi historia y me apego a ella.

En este libro, "La Venta está Cerrada – Deja de Hablar", comparto con ustedes una selección de mucho de mis más de 50 años de experiencia, que me han dado tanto estupendos éxitos como fracasos igualmente memorables.

Si, este es un libro honesto sobre como vender profesionalmente, así que en sus páginas, además de las obligatorias salpicaduras de asombrosas historias motivacionales de éxitos, también verán varios ejemplos de horribles y desgarradores fracasos.

Estos son fracasos auto infligidos, que en su mayor parte me los ocasioné a mí mismo sin intervención externa, y me temo que fueron bien merecidos. Sin embargo, lo importante es que casi cada vez que lo arruiné luche para levantarme y gané.

Así aprendí valiosas lecciones, que ahora están en esta herramienta de precio muy razonable.

Estas son las heridas de batalla y las duras lecciones que he estado impartiendo a mi equipo de ventas a través de los años, que ahora te son impartidas a ti (y tus amigos).

Cicatrices de errores ya cometidos por mí y mis equipos de venta, así que espero que ahora que estarás consciente de ellos, no los repetirás.

Uno de esos errores que he cometido en el pasado es cuando escribí otro de mis libros sobre ventas, Excrementos de Dinosaurio – Consejos de un Vendedor de la Vieja Escuela. (Amazon)

A pesar de que se vende bien, varias compañías importantes me dijeron que si bien les gustaría comprar copias para su fuerza de ventas completa, es tan políticamente incorrecto (esto es real) que no se arriesgarán a que sus empleados se sientan ofendidos.

(Es decir, ofendidos mientras sin dudas están decidiendo que sanitario usar.) ¿Pero adivinen qué? Incorrecto, así es la manera que es el mundo, y dejé el libro tal como lo escribí para que te fuera útil en el mundo real.
Siéntete libre de comprar Excrementos de Dinosaurio – Consejos de un Vendedor de la Vieja Escuela. (Amazon) y aprende algo de un libro de ventas mientras te lo pasas bien leyéndolo. Nota – Si te ofendes, dáselo a alguien que quiera tener éxito.

Ahora, con el interés de llegar a las masas para poder alcanzar una audiencia más amplia y ayudar a más vendedores a tener éxito, voy a intentar escribir este libro de una manera más aceptable a nivel corporativo.

Pero ten por seguro, que si bien estoy intentando alcanzar a más prospectos y vender más libros, me rehúso a soplar humo del trasero de nadie solo para ganarme la vida y siempre diré las cosas como son.

Por ejemplo, si estás planeando abrir un stand de cerdo en tiras en frente una Mezquita, seré el tipo que te diga cuales son los problemas potenciales que tendrás pero aun así te ayudará a que tengas la mejor oportunidad de hacer que sea un éxito.

En eso te lo aseguro, soy el sujeto que necesitas. Ahora pasemos a los negocios. ¡Buena suerte y buenas ventas!

 Ira

Eligiendo las ventas como profesión

Imagina esto

Trabajas para una compañía propiedad de un sujeto que se volvió estúpidamente rico porque inventó el tubo de dentífrico.

Tiene el tipo de dinero que compra alfombras persas tejidas a mano con los rostros de su familia en ellas y como si eso no fuera suficiente su Lamborghini nuevo tiene una imagen de un gigantesco tubo de dentífrico goteando aerografiado en el capó.

Como les dije, una loca y estúpida cantidad de dinero.

En fin, cada día, como un reloj, de lunes a viernes a las 7:55 de la mañana entras por la puerta y te presentas a trabajar como el buen soldado que eres para hacer tu trabajo, contestando el teléfono en el departamento de atención al cliente.

Tragándote rápidamente tu ultimo trozo de dona y tu último trago de café exactamente a las 8:00, te pones en la fila y presionas con el dedo índice en la brillante luz roja que emite el reloj de tiempo en la pared.

Recibes el mismo "Buenos días" genérico de una monótona y simulada voz humana que tuvo la chica delante de ti en la fila solo dos segundos antes. Por cierto, ella de nuevo no se lavó el cabello, o al menos olía como si no.
Haga espuma, enjuague y repita. ¿Realmente es tan difícil?

Durante las siguientes ocho horas, salvo por el descanso para comer de 45 minutos, en el que te quedas atrapado dentro por la lluvia, lidias con los problemas de otros.

Por cierto, tu almuerzo, las sobras de filete y patatas de la excelente cena de anoche en casa de mamá, la dejaste en el asiento del tren. Ahora el almuerzo es un sándwich de atún frío sin fecha de vencimiento de la máquina expendedora.

Añade a eso que estás atrapado en el asiento de al lado de la chica con el cabello maloliente que salió corriendo a la cafetería de la esquina, en medio de la lluvia, para almorzar.

Ahora es la chica del cabello maloliente y mojado.

Disfruta tu almuerzo.

Y con el almuerzo terminado, luego de una rápida visita al poco aseado baño público de tu piso, estás de vuelta a tiempo para seguir lidiando con problemas.

No, no tus problemas, como ese golpeteo y sonido de tic que venían de tu auto esa mañana de camino al tren. Si, el tren donde dejaste tu bolsa de almuerzo, de camino al trabajo, en la lluvia.

Pero no temas, seguramente podrás lidiar con las aparentemente interminables quejas acerca del tubo de crema dental chorreando. Y las solicitudes de ideas sobre cómo sacar ese último poquito de crema del tubo antes de botarlo van casi con seguridad a ayudarte a que el tiempo pase rápido.

Tan rápido como la Era de Hielo. (Que para propósitos históricos duró 11.500 años más o menos una llamada telefónica)

Pero lo creas o no, ya estas entumecido de tanta porquería y has aprendido a, bueno, existir y ganarte la vida. Entonces aquí viene, la fiesta de Navidad, que por supuesto ahora es solo la celebración de un día festivo.

Es un día festivo porque el mismo bedel que no limpió bien el baño y bajó la bandera americana del lobby porque es de Ujerkastan y se ofendió por sus opresivos colores, también se queja de todas las celebraciones religiosas.

Pero él supuestamente se limpia los dientes y no quieren alienar a posibles clientes así que aceptan sus exigencias.
Y se pone peor cuando una virtualmente desconocida e igualmente inútil gerente de rango medio se pone de pie para dar un discurso motivacional por el día festivo.

En su vestido por debajo de la rodilla con imágenes de tubos de dentífrico en ella y un colorido suéter con un prominente árbol de navidad que ahora llama árbol festivo, se aclara la garganta y empieza a hablar a la multitud.

Muy sonriente dice, "Felices fiestas, si celebran las fiestas, claro."

Continúa con el siempre popular "En nombre de la compañía me gustaría agradecerles a todos por su esfuerzos en este último año y espero seguir apoyando sus esfuerzos el próximo año."

La miseria sigue con un "debido a la situación económica y la reducción de la demanda del producto asociada a ella, no habrá aumentos de salario el próximo año.

Sin embargo, hay algo positivo detrás de cada nube de lluvia y este año no es la excepción. Cada uno de ustedes ha recibido un sobre de regalo por el día festivo como una pequeña muestra del aprecio que la compañía tiene por sus esfuerzos durante estos tiempos difíciles."

Si, cada empleado sin importar sus logros o su posición, en un esfuerzo por poner fuera del mercado al pequeño negocio independiente en su vecindario, recibió una tarjeta de regalo de 20 dólares de Wal-Mart, junto con un cupón de descuento de 1 dólar en el dentífrico de su elección, siempre que venga en un tubo, claro.

Espera un minuto. ¿Además del bedel de tu edificio ha dejado todo el país de limpiarse sus benditos dientes? ¿Cómo puedes estar recibiendo ocho horas al día, cinco días a la semana de aparentemente interminables quejas sobre, vaya, estupideces, si no está saliendo el producto de los anaqueles?

Te huele a gato encerrado.

No, la chica del mal cabello está parada enfrente de ti de nuevo. Pero algo definitivamente está mal, lo puedes sentir hasta en los huesos que te revientas trabajando en esta porquería de sitio.

Ahora, todos en el salón, incluyendo la pequeña señorita falda de dentífrico, saben muy bien que a pesar del bajón en el mercado y del mal año, el dueño de la compañía estacionó el Lambo aerografiado y voló en su jet privado a su yate anclado en la costa de alguna cálida y exótica isla para hacer lo que sea que haces en tiempos así en lugares como ese.
Tú, sin embargo, estás en el tope de la escala salarial para tu posición no vas a ninguna parte, excepto al tren para llegar a tu auto que golpetea de camino a casa.

Bada bing, bada boom, y de esa manera, usted mi amigo está en la encrucijada por la que han pasado millones de almas errantes cada maldito día. Alguien más te dice que hacer y cuanto puedes ganar haciéndolo.

Ok, ahora sacúdetelo y date cuenta de que solo estábamos imaginando esta pesadilla. Pero, puedes usar esta experiencia de vida que hemos imaginado en una de dos formas.

Puedes odiar al sujeto pero trabajar para él y hacer lo que puedas basado en lo que ellos estén dispuestos a dar.

Puedes convertirte en ese tipo y abrirte tu propio camino. Crea tu propio salario y se el amo de tu destino.

Yo elijo el número dos. Y por eso es que vendo. ¿Qué hay de ti?

Derechos por Trabajo

Ir puerta a puerta ya no es la única manera de encontrar clientes pero debe ser siempre una de las jugadas principales en tu plan de juego, porque el cara a cara genera referencias.

No obstante, solo el saber que hay frutas accesibles no te dirá acerca del babeante y violento perro detrás de la verja que espera tu llegada, así que la investigación es necesaria.

Todos usamos la tecnología y todos investigamos en computadoras. Naturalmente, toda compañía en el mercado está tratando de meternos su motor de búsqueda por la garganta.

Siri no entiende mi acento neoyorquino, mi Bluetooth marca los números de teléfono equivocados y los mensajes de texto verbales en mi auto repiten un dialogo completamente distinto del que les dicté

Entonces tenemos a Bing. Haces clic en un tema y te lleva a otro subdirectorio y cuando haces clic de nuevo te llevan a otro subdirectorio más. Te das por vencido mucho antes de que llegues a tu respuesta y te vas a Google a buscarlas.

Yo, al igual que nuestros clientes, quiero respuestas, no más y más opciones que me hacen tener más y más preguntas. Tu blanco está pensando en que le dejen comprar algo de manera rápida y sencilla para poder seguir con su vida. Y es por eso que si me dan una presentación de venta al estilo Google me ayudará a ganarme algo.

El modelo de Google, haz una pregunta y obtén una respuesta es lo que uso en este libro y justo como en el resto de mis libros, "La Venta está cerrada" ataca rápido y con fuerza los temas que nunca puedes revisar lo suficiente como:

Como luces, como hueles, como suenas, como escuchas, como hablas, como aprendes, como planificas ¡Y muchos más! Mierda, hay mucho en esto de ir afuera y ganarte la vida a tu manera ¿No?

Pero ya lo sabías, porque estás sosteniendo en tus manos una herramienta de la que estas dependiendo para que te dé una visión sobre como incrementar tus ingresos, conservar a tus clientes y ser más creativo y exitoso que el último tipo afuera de la puerta y el próximo sujeto que venga.

Usemos cada método psicológico, ingenioso, creativo, honesto y legal para incrementar tus ingresos, que al final del día es la única forma de medir una carrera en ventas.
Recuerda, la tecnología está a tu favor, pero la prelación y la ejecución son un requerimiento para ser un vencedor.

Al final de la recta están cuatro caballos cuello con cuello para el final de fotografía y Viagra ganó por una pulgada.

Vamos a ganar esa pulgada juntos (no importa cuán raro suene eso) y ganemos cada carrera. Así que les pregunto…

¿Es este el principio o el final?

Bueno, ya compraste el libro, así que es el final ¿Cierto?

Solo bromeo, que demonios, ya pagaste por el libro así que ¿Por qué no leerlo y sacar lo mejor de él? Al tener profundas y detestables conversaciones en voz alta contigo mismo, tus habilidades crecerán y luego podrás convertirlo en el más reciente recolector de polvo de la mesa de café si así lo deseas.

Por cierto, gritarle al libro es un comportamiento perfectamente aceptable porque todo el mundo va a pensar que estás en el teléfono usando el Bluetooth, así que no te reprimas.

Confíen en mí, lo hago todo el tiempo.

Y solo al leer este libro y luego discutiéndolo con ocho o diez personas a las que se los has mostrado, podrás decidir por ti mismo si el cerrar la venta implica cerrar la boca. ¿Qué intenso cierto?

Empecemos por el principio. (Chúpate esa Confucio)

Antes de que podamos cerrar la venta, tenemos que presentar nuestros artículos. Antes de presentar nuestros artículos tenemos que tener un plan. Y antes de planear, necesitamos entender nuestros productos y la mentalidad de nuestros importantísimos prospectos y clientes, o como yo los llamo, nuestros "blancos."

Entender a tu blanco es la cosa más fácil que podrías hacer con la ayuda de algunas reglas y en mi experiencia, he encontrado que hay solo tres reglas básicas y duras.

Siempre es acerca del dinero
No confían en ti ¡Eres un vendedor!
Siempre es acerca del dinero.

Vendedor
Del lat. vendĭtor, -ōris.

1. adj. Que vende. U. t. c. s.

Alguien que siempre se lleva todo tu dinero.

Una persona o personas que siempre embaucan todo tu dinero mientras te manipulan para hacerte creer que estas obteniendo lo que quieres.

Ejemplo de VENDEDOR en una frase – Él fue el mejor vendedor de la compañía el año pasado y conduce un Cadillac mientras que sus clientes ahora toman el bus.

Sé que se estarán preguntando, "Si todos piensan que los estoy embaucando ¿Cómo les vendo?" Buena pregunta.

Pasar de prospecto a cliente es una cuestión simple de hacerles moverse del proceso mental con el que han crecido. O como yo lo llamo -

Queso del Gobierno

Si eres lo suficientemente joven como para leer este libro sin ayuda, pero lo suficientemente viejo para leerlo como para que no te abofeteen como si estuvieras leyendo Niñas Exploradoras Salvajes bajo las sabanas, entonces estás afectado de alguna manera por el Queso del Gobierno.

Verás, a finales de la década de 1960, los liberales crearon una categoría completamente nueva de prospectos a la cual venderle.

A diferencia de los incontables millones de personas antes de ellos que trabajaban en los campos o laboraban sobre los carbones calientes de las fábricas para sobrevivir, el clan del Queso del Gobierno decidió llevar el mendigar no participativo a un nuevo nivel.

Usando el exitoso modelo de negocios de los mendigos demacrados y sin dientes de las calles de Paris en el siglo 17, cuando Paris era la ciudad más grande de Europa, ellos lo evolucionaron en la sociedad de derechos de hoy.

Aquí vamos clase, ahora pongan sus sombreros del ser políticamente correctos en el estante y síganme.

Para empezar, en esa época los problemas de París con los mendigos eran vastos.

Con el mal tiempo, pobres condiciones, terribles horas, ropa maloliente y terrible plan dental, obviamente, algo se tenía que hacer.

Por eso es que en un particularmente soleado sábado por la tarde en el almuerzo de la caza de zorros, el vocero por el bienestar proclamó, "Desafortunadamente la pobreza es probable que no se vaya nunca. ¿Pero deben ellos ser tan, bueno, pobres?

Y de esa simple pregunta, en lugar de crear trabajos que pagaran bien, cientos de miles de diferentes planes de asistencia fueron creados para ayudar a estas pobres y oprimidas almas en las espaldas de aquellos que trabajaron duro para proveer para sus propias familias.

Mientras estos pobres se quedaran entre ellos, los ricachones estaban felices de poner pequeñas cantidades de su propio dinero y largas cantidades del dinero de todos los demás en estos maravillosos nuevos programas.

Esperen a ver el regalo de despedida de Obama para América, la Sección 8 de vivienda llegando a su vecindario más cercano. Trump, prepara tu pluma. Pero me desvío del tema.

Saltemos algunos años hasta principios de la década de 1960, cuando ayudar a personas que se han perdido en la pobreza se volvió a poner de moda, el gobierno de los Estados Unidos vino al rescate de todos.

Tomando posesión de la invención de la era industrial del queso procesado (Velveeta para ustedes guerreros modernos) aquellos que sabían más que todos los demás decidieron que eso (el queso) era lo suficientemente económico, suficientemente nutritivo y suficientemente tentador para volverlo un plan de beneficencia nacional.

Y como con virtualmente todo programa gubernamental, ellos lo pensaron poco y produjeron demasiado.

Lo siguiente que se supo es que había trozos, rebanadas, cajas y cajas de queso del gobierno sin rebanar siendo distribuidos no solo a aquellos viejos y certificadamente pobres, sino a todo aquel en América que lo pidiera.

Se ha documentado que debido a los entonces recién descubiertos químicos de los años 60, usados en la manufactura de este producto, incluso hoy, más de 50 años después, aún hay almacenes llenos de queso amarillo brillante.

Si, alrededor de toda América este queso seguirá allí para tus nietos porque probablemente nunca se use, y nunca se dañará.

¡Y apuesto a que también hay probablemente algunas cajas perfectamente buenas de Twinkies allí también!

Hecho curioso – El queso, cuando es digerido, libera caseína y casomorfinas que tienen un efecto opioide y son adictivas. En resumen – Come pizza con responsabilidad.

Aquí viene una de esas largas y desagradables conversaciones en profundidad contigo mismo que hacen que este libro valga cada centavo que gastaste en él. Si no has soltado un:

"¿Por qué demonios este tipo está hablando de queso?"

Adelante, yo te espero.

Y la respuesta es, el queso es solo la punta del iceberg, seguido por otros miles programas para hacer sentir mejor a la gente y que se acumulan hasta hace poco con el Teléfono Gratis de Obama y el casi gratis Programa de Matrícula Universitaria de Bernie Sanders, No te Preocupes y Nunca lo Pagues.

¿Todavía confundido acerca de lo que estoy diciendo?

Simplemente digo que la mayoría de las personas a las que tienes que ver cara a cara cada día para ganarte la vida y alimentar a tu familia han sido diseñados por generaciones para esperar y querer las cosas gratis. Y no tiene diferencia lo que sea "Eso", igual van a querer "Eso" gratis.

Adelante, suéltalo, sé que quieres hacerlo.

"¿No podías haber dicho eso hace cinco páginas?"

Bueno, si podría, pero entonces no habría podido oírte quejarte y participar. Y debes participar, porque es hora de las hipótesis.

Tomemos dos ejemplos que son tan reales como que la vida es larga.

Imagina que tienes 20 años y que desde que tenías solo seis, todo lo que siempre quisiste fue un Ford Mustang rojo. Convertible, de techo rígido y fastback, no importa con tal de que sea un Ford Mustang rojo.

Con ese fin trabajaste casi cada tarde y seis días a la semana durante el verano por la mayor parte de los últimos catorce años y pusiste virtualmente todo el dinero en la libreta de una cuenta de ahorros.

Pero hoy, los años de trabajo en el calor rastrillando hojas y en el frío poniendo combustible van a rendir frutos finalmente.

Después de un viaje en bus de cuarenta y cinco minutos, allí estás frente al concesionario de Ford viendo la fila de los Ford Mustang usados, pero que lucen nuevos para ti. Tres de ellos son rojos y estás como flotando en la Nube 9.

Nota de la historia – Los meteorólogos enumeran a las nubes de acuerdo a su tamaño y otros factores hasta el número 10. La nube 9 es la más grande y esponjosa de las nubes y por lo tanto la que luce más cómoda.

Lo cual te hace sentirte muy cómodo o "En la Nube 9."

De vuelta a la historia, el vendedor de autos usados está ocupado hablando con una chica y su padre que están parados lo suficientemente cerca para que puedas oír su conversación.

Él está comprándole un auto nuevo y brillante para su graduación de preparatoria y ella elige ¿Que más podía ser? Un Mustang rojo.

Tú decides que esa es la chica con la que te quieres casar.

Pero hasta entonces tienes que decidir cómo vas a pagar… el inesperado incremento en el costo de asegurar el auto de tu elección, un apenas usado, con poco kilometraje, hermoso, incluso con la quemadura de cigarrillo en el asiento de pasajeros, Ford Mustang rojo.

La triste realidad es que la recompensa por todo tu trabajo duro y altas expectativas tiene que ponerse en pausa porque lo que quieres cuesta más de lo que puedes pagar en este momento y no te vas a conformar con menos.

Y mientras vas de vuelta a la parada de autobús estás impávido y determinado a acelerar tu plan para hacer este sueño una realidad. Sabes que es hora de empezar a trabajar más duro y gastar de forma más inteligente, para que más temprano que tarde puedas adquirir tu auto de los sueños. Dicho como un verdadero vencedor ¡Bravo!

Después de una pequeña espera, el bus se detiene y pagas el dólar cincuenta del pasaje y te sientas junto a la ventana. Justo después que te sientas, tres chicos de preparatoria entran en el bus y se sientan frente a ti.

Ellos no pagaron el dólar cincuenta que tú pagaste, sino que subieron gratis con su pase de bus para "jóvenes desfavorecidos."

Espera un minute. Estos "jóvenes desfavorecidos" llevan todos zapatos deportivos de más de 200 dólares y cada uno tiene un celular nuevo. Uno de ellos incluso tiene un Samsung 7. Debe usarlo como encendedor.

Su ropa es toda nueva y a la moda y en sus manos tienen esas bebidas de 10 dólares del Starbucks con crema batida encima. ¿Pero qué rayos? Estos chicos son desfavorecidos, al menos eso es lo que decían sus pases de bus.

Si son tan desfavorecidos ¿Cómo rayos obtuvieron todas esas cosas?

Tú no tienes un nuevo celular y tus Jordan's usadas han visto mejores días. Y a pesar de que sabes que tus cosas están gastadas y viejas porque has estado trabajando duro y poniendo cada moneda en el banco para comprar tu auto de los sueños, estás enojado, y con razón.

Hombre, que patada en los dientes y para poner las cosas peor, la chica con la que te quieres casar acaba de pasar al bus en su Mustang rojo gratis que papá le acaba de comprar por graduarse de preparatoria. Mierda, tú te graduaste de preparatoria. Que fastidio, parece que todos tienen algo menos tú.

Y allí está la lección. Verás, tu ira te está haciendo perder la oportunidad que tienes frente a ti. Es el panorama general, es la pregunta inminente. Que por supuesto es ¿Si ellos tienen todas esas cosas entonces por qué van en el autobús gratis?

Bien, parece que si obtuviste algo después de todo. Tu mi amigo acabas de obtener una valiosa lección de primera mano sobre el Queso del Gobierno y como afecta tu éxito.

Sabes que el mundo está lleno de personas que obtienen cosas gratis pero que además necesitan o desean cosas que no pueden obtener de gratis, como las zapatillas deportivas y teléfonos celulares.

Estos productos y millones más, que no pueden tener de gratis, les hace tener una desesperada necesidad de tu guía para ayudarles a adquirir aquello que quieren y desean.

Si agarras y corres con este conocimiento de la situación actual, serás muy exitoso así que profundicemos un poco más en este tema.

Primero que nada, recordemos que siempre habrá papis ricos en el mundo que gastarán dinero en sus hijos. Sin embargo, este grupo de compradores es bastante pequeño y a menos que vendas Land Rovers en Beverly Hills, la puerta probablemente no se abrirá con tanta frecuencia con padres sacudiendo sus chequeras en el aire para que tú alcances tus metas personales.

Y de dónde viene el dinero, sea que usen el dinero de papi o lo que les queda cada semana porque no pagan la renta, comida, gas, facturas de teléfono o el bus no te importa en lo absoluto.

Lo que te importa a ti es que eres una maquinaria de vender afinada con precisión, adecuadamente entrenado y cómodo con tu discurso.

Tienes confianza, compromiso y has practicado de la manera correcta. Estás completamente preparado para alejarte de un trato si no es correcto para ti.

Vas a vender al más alto precio posible, cerrarás el trato y después te callarás y los dejarás comprar.

Recuerda que tu base de clientes es primordialmente formada por receptores expectantes, y hay tantas cosas gratis allí fuera que con frecuencia tomarán lo que puedan y seguirán adelante.

Debes presentar con la convicción de que tu valor como un vendedor profesional de carrera (¿Irían ellos a un doctor de medio tiempo con descuento para una circuncisión?) y el valor de la calidad de tus productos hará la diferencia.

Tus artículos no son gratis ni tienen descuento y una vez lo justifiques, valen cada centavo del monto que demandas por ellos.

También es importante recordar que independientemente de la fuente, solo hay cierta cantidad de dinero para que tu blanco gaste antes de que se agote, o como yo lo llamo, la "tarta de dinero".

Aquellos que no perfeccionan sus habilidad pero se llaman a sí mismos fuerza de ventas son aquellos que solo están tratando de compartir una pequeña parte de la "tarta de dinero".

Ellos tratan de tomar cualquier mordisco de lo que quede, pero también son los que hacen posible que te quedes con toda la tarta.

Cuando eres el del precio más elevado o el del producto sin descuentos que se presenta de manera profesional, con razones para comprar que crean conversación y acuerdos, te elevas por encima del resto. Después de todo, el que usualmente les atiende es un tipo vendiendo algo barato con poca o ninguna preparación o presentación.

Ayuda a tu blanco a entender las razones por las que quieren tu producto y lo quieren ahora independientemente del precio. Una vez que estén a bordo con la idea van a olvidar todas las pequeñas compras que estaban considerando y te darán toda la tarta a ti. Que rayos, si lo van a gastar en algo ¿Por qué no en ti? ¿Cierto?

Ellos van a dirigir todo el dinero disponible y medios hacia ti para que ellos puedan tener lo que realmente quieren. Una vez que lo tengan asintiendo de acuerdo a un ritmo febril solo necesitas cerrar la venta y tomar su dinero.

Recuerda: Toma todo el dinero disponible, todo el tiempo.

Justifícalo y sigue pidiéndolo. Sin excepciones. Dar un 15% de descuento en tus productos es como darle a tu cliente el 15% de tus ganancias.

Invierte tu tiempo encontrando razones para hacer a tu producto mejor, no más económico. Gana todo lo que puedas de tus productos de calidad y tus habilidades excepcionales, no de un precio de ganga de sótano.

Una tienda por departamentos me envía emails casi a diario con descuentos del 20%. Esto me indica que sus cosas no valen lo que normalmente cobran por ellas. El supermercado está cargado de artículos que venden dos por el precio de uno y por supuesto, todos saben que ahorras dinero si cenas fuera antes de las 4 p.m.

Cada vez más, cada día, todos, en cualquier sitio son condicionados a obtener "algo" gratis o tan cerca de ser gratis como puedan.

Esto puede llevarte a una situación de ventas muy difíciles si no fuera por el hecho de que tus ojos ya han sido abiertos.

Bien abiertos al hecho de que ricos o pobres, el mundo está lleno de personas que desean algo y esperan obtenerlo y de gratis, pero hay muchos que todavía pagan por tenerlo.

Tú eres la excepción a la regla. Eres el vendedor profesional que está aquí para superar sus expectativas de costos poco razonables y darles una dosis de realidad, de que la calidad que les ofreces es exactamente lo que quieren y necesitan, a cambio de un pago, por supuesto.

Obviamente ellos saben igual que tú que no todo es gratis y han demostrado que tienen suficiente dinero y la habilidad de pagar. Y van a pagar por esas cosas que realmente quieren, incluso si tienen que financiarlas.

Hay algunas personas que conozco que han alquilado o financiado un Porsche o un Ferrari y no andan quejándose constantemente de los costos para pagarlos o mantenerlos.

Más bien, antes que cambiarlos por un Prius y ahorrar dinero, pagan lo que les tome. Así que no sientas pena por ellos. Ellos lo desean y eres quien va a hacer sus sueños realidad.

Eres tu quien se mantiene enfocado en el rastro de dinero y recuerda que una vez que les vendes la necesidad, es su trabajo encontrar el dinero, y lo harán.

Repite después de mí, "¡Siempre es por el dinero!"

Repite después de mí, "¡Siempre es por el dinero y necesito pedirlo todo cada vez!"

Se siente bien ¿Cierto?

Por ese tremendo porcentaje de la multitud de lo quiero gratis, tú eres la única persona a la que le darán todo su dinero fuerte. ¿Por qué?

Porque eres el único con el valor para pedirlo y pedirlo repetidamente hasta que lo obtengas.

Como puedes ver, estas en la ruta al éxito a través de la justificación de un precio más elevado que maximiza tus ingresos.

Ahora, estamos de acuerdo en que nunca perderás de vista el valor de tu blanco como un vendedor profesional.

Además del valor del producto que ofreces, que tú seas el verdadero motivador del gastárselo todo ayudará a tu blanco a aceptar el hecho de gastárselo todo.

De otros que se hacen llamar vendedores, la mayoría de los consumidores solo escuchan como ahorrar dinero con un precio más bajo. No calidad o justificación de un costo más elevado.

Si, te escucho y estoy de acuerdo contigo. Todos los demás son unos piratas de descuento que no se merecen ni siquiera estar en la conversación y mucho menos afectar el cheque de tu comisión.

Bien dicho.

Ellos no tendrán tu producto y conocimiento de la industria ni sabrán como compartirlo adecuadamente.

No se han ganado el derecho a hacer la venta porque ellos no han puesto las horas necesarias estudiando y aprendiendo de productos competitivos.

Ya que ellos no tendrán la profundidad del conocimiento competitivo que tú tienes, será una tarea más sencilla encontrar sus botones clave y presionarlos con las diferencias que tu producto ofrece.

¿Quieres pensar acerca de eso?

Claro que quieres. ¿Es más dinero del que pensó que tenía que gastar? ¡Es porque es lo que quieres! Me pareció que estaba buscando esto, lo que tiene, y esto, lo que hace y esto, lo que hará.

¿Ha cambiado de opinión acerca de sus necesidades? ¿Está buscando por algo más o completamente diferente o solo más barato?

Ya sabes que usualmente es solo el blanco que desea lo que vendes pero está tratando de sacudirse de gastar el dinero, porque siempre es acerca del dinero.

Y por supuesto, allí es que vienes como un profesional con un "OK, déjeme ver si entiendo, si tenemos algo que hace todas las cosas que dijimos que quiere, además de estas dos cosas que necesita, este es el que quiere ¿Pero lo quiere más barato?
Entonces firme aquí, porque este hace todas esas cosas y no vienen a un mejor valor por su dinero que este."

¡Entonces cállate! Fuérzalos a decir que no. Es algo muy difícil de hacer y un gran porcentaje de tus blancos van a moverse rápidamente y firmar solo para aliviar la presión.

Debes pedir la orden y debes pedirles todo el dinero, una y otra vez hasta que finalmente se quiebren, firmen y paguen.
Eventualmente todos firman o te darán la verdadera razón por la que no lo harán y podrás volver a trabajar en lograr que se comprometan.

Desafortudamente hay una cosa que se dice sobre los vendedores que es cierta. Estamos tan envueltos en el conocimiento del producto y en buscar señales de compra que cuando hacemos un gran trabajo, simplemente esperamos que el blanco compre. Entonces, por alguna razón, cuando no compran entramos en pánico y dejamos de pedirles que compren.

Es verdaderamente raro el cliente que se vende a sí mismo y dice, escuché suficiente, quiero ese. Estos clientes se pueden encontrar normalmente en exhibiciones de Ferrari y en el Bunny Ranch en Las Vegas, pero de otro modo, es mejor que les pidas a todos comprar, múltiples veces hasta que lo hagan.

Tener un maravilloso desempeño y hacer una reverencia al final sin la firma no pone comida en la mesa de los vendedores.

Debes dedicar horas, hacer el trabajo de campo y entonces hacer el trabajo completo, que incluye pedir todo el monto cada vez hasta que lo recibas.

Recuerda, sólo están hablando con usted porque usted es su camino a lo que realmente quieren pero no lo pueden conseguir de gratis. Si no fuera ese el caso ¿Para qué iban a darte una audiencia?

Siempre he creído que cualquiera que sabe que soy un vendedor y todavía me invita a entrar debe querer comprar algo.

Ellos esperan pagar por ello y es solo natural que quieran el mejor trato.

Tu trabajo es informarlos y educarlos mientras justificas tu precio a través de su valor, deseo, necesidad y cualquier respuesta emocional que puedas encontrar que provoque el movimiento del bolígrafo en su mano.

Haciéndoles darse cuenta de este modo que el mejor trato no es siempre el más barato.

Presenta, justifica, cierra y luego resume y no te encontrarás a ti mismo en la F por una caja de Queso del Gobierno.

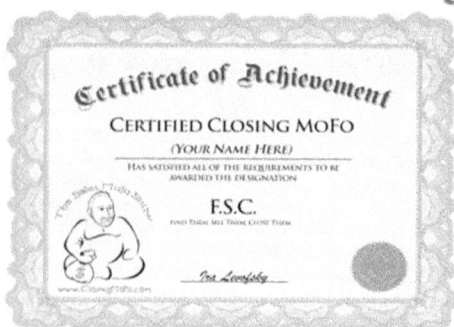

Certificado de Logro
HPD cerrador de ventas certificado
(Tu nombre aquí)

Ha completado todos los requerimientos para que se le entregue la designación.

F.S.C.
Encuentralos, vendeles y cierralos

Anatomía del Día de un Vendedor

Un tipo que trabaja en ventas hizo una llamada en frío y nadie estaba disponible para entregarle una tarjeta de presentación y un folleto de su producto líder a una recepcionista anónima que apenas si le miró.

 El folleto decía el precio así que simplemente lo tachó y escribió en letras grandes "A la venta" para hacer que fluyeran los jugos de la curiosidad. (Por cierto, nunca decimos "gratis" ¡A menos que quieras pagar la matrícula universitaria de 126 millones de fans decepcionados de Bernie Sanders!")

Entonces solo se fue del lugar (Especialmente si se comió el menú especial de chile picante)

Espera, ese es el otro sujeto, no tú.

Tú eres el que toma una tarjeta de presentación del tarjetero en el escritorio de la recepcionista y pides una cita. Sabiendo muy bien que si dejas el folleto con el portero y de hecho llega a tu blanco, con solo leerlo pensará que sabe todo acerca de tu línea de productos y ya no tendrá la necesidad de verte.

Tú esperas un momento y hablas con la recepcionista porque esa puerta tiene que abrirse la próxima vez que vengas para que puedas ganarte la vida.

Tú le dices tu nombre (de nuevo) y como acabas de ser asignado a esta zona por (tu compañía) y le explicas que vendes una gran línea de productos como (menciona dos de ellos).

Tú le preguntas si alguna vez conoció al representante que estas reemplazando o si ha visto tus productos en esta u otra de las oficinas en el edificio.

Tú le preguntas, porque eres nuevo en el área, si podría recomendarte algún buen lugar para comer. Además, le dices que sería muy amable si te recomienda una buena hora para ir allí antes de que llegue la multitud.

Tú prestas atención porque sus respuestas expondrán una gran cantidad de información acerca del blanco e información potencialmente competitiva acerca de otros en el edificio.

Adicionalmente, sabrás cuando y donde va ella a comer. Por supuesto, saber la hora en la que come usualmente es crítico en este momento porque cuando ella va a comer, te abre dos nuevas avenidas de penetración para alcanzar ese prospecto que estaremos discutiendo en un minuto.

Recuerda, habla con ella y tomate tú tiempo, su trabajo es contestar preguntas. No hay una hasta luego señorita y ya al vender y los porteros tienen buena memoria. Si ellos recuerdan que te vas con un simple "no está disponible", seguirán usándolo.

Crear clientes confiables y constantes que compran de ti repetidamente y te recomiendan es un proceso exigente.

Ya sea que cierres una venta en la primera o en la quinta llamada, superar o incluso obtener la ayuda del portero es una parte integral del proceso.

Cada movimiento en ventas no es sino un grano de arena en una gran playa. (Texto modificado de una galleta de la fortuna)

Aquí hay el ejemplo perfecto basado en la cadena de eventos que acabo de presentarte.

Sabiendo cuando y donde come ella puedes encontrarte a propósito con la recepcionista en el restaurante. "Hola Sofía ¿Cómo estas hoy? Soy (Tú) de (Tú compañía). Gracias por recomendarme este sitio, luce muy bien."

Por supuesto, esperas poder expandir tu relación a una de familiaridad y abrir una grieta en la puerta para tu próxima llamada.

O ir a su oficina cuando sabes que está comiendo y decirle a su reemplazo de la hora de almuerzo "Hola ¿Dónde está Sofía? Soy (Tú) de

(Tú compañía) ¿Se encuentra el señor X? Solo necesito un minuto." Abriendo de una patada la puerta pero dejando la conexión con Sofía viva si falla esta maniobra.

¿Qué hay si el portero te da una referencia? Sea que cierres la venta o no, si ella me da una lead siempre le doy un pequeño regalo de agradecimiento. Un certificado de regalo de diez dólares para el restaurante que me ha recomendado me ha recompensado en el pasado con muchas llamadas sorpresa con referidos adicionales, a veces meses más tarde.

Todos amamos a las referidos, pero recuerden, las leads calientes se ponen tibias y el tibio lleva a frío y las referidos frías se mueren.

Si tienes la fortuna suficiente para recibir una lead caliente como "El tipo del piso de abajo está buscando comprar esto de tu compañía," salta por supuesto que debes saltar por ella.

Pero recuerda, ni el tipo del piso de abajo ni la persona que te recomendó tienen tu conocimiento de tus productos y servicios así que nunca le des un repaso apresurado a un referido y nunca asumas que sabe lo que está comprando solo porque lo ha visto o lo ha usado.

Si simplemente le entregas una orden de compra, aunque la firme, podrías parecer o bien arrogante, ignorante o ambas. ¡Y lo eres!

Cada prospecto y cliente merece una presentación completa de las características y beneficios del producto. Esto no solo asegura la venta sino que abre avenidas a ventas adicionales.

¿Qué hay que decir de este referidos que quiere una maquina en particular que probó en el piso de arriba?

Quizás es la única que de hecho ha usado. Podría necesitar una solución más grande, más pequeña, más cara, arrendada o en múltiples localidades.

Si te apresuras en sacudir el contrato y haciéndoles firmar te arriesgas a que te llamen diciendo "La tuya era muy lenta así que compré una más rápida de tu competencia."

Sí, me ocurrió a mí. Esa es una de esas lecciones de errores enormes que cometí.

Obtuve una referido y corrí para cerrar el trato como esos tipos que hablan rápido en la radio dando los requisitos para arrendar un coche que, por cierto, nadie nunca tiene las calificaciones para recibir.

Y ni siquiera una semana después de la entrega recibí la unidad completa junto con su empaque original para que lo metiera en mi trasero.

Mientras caminaba fuera de su oficina, habiéndome gastado ya la comisión, le ofrecí el dato de que teníamos una unidad más rápida también y él me dijo, Ah, nunca me lo dijiste.

Fue 100% mi culpa, 100% mi dinero perdido y 100% mi trasero.

No dejes que esto te ocurra. Es la parte más importante de tu trabajo el forzarlos a escuchar toda la presentación y el sumario luego de que cierres la venta.

De hecho, debes dar un sumario incluso si no cierras la venta.

Puedes sumarizar mientras guardas en tu maletín de vendedor todo tu material colateral que está disperso sobre su escritorio.

¿Por qué están todas tus cosas sobre su escritorio te preguntas?

Porque se lo mostraste, lo pusiste allí y ahora te toca recogerlo.

Poner tus cosas en el escritorio de su cliente cubre su trabajo actual y les ayuda a enfocarse en lo que quieres que se enfoquen. Entonces te hace ganar algo más de tiempo delante de él mientras recoges todo.

Imagina que tu cliente tiene un problema de inventario que puso de lado para atenderle. En lugar de escucharte y quiero decir escucharte realmente y participando en tu presentación, el sigue viendo esa hoja de inventario en su escritorio o su pantalla.

Necesitas toda la atención de tus blancos ¿O para qué demonios estás allí?

Las pantallas de computadora son el más grande enemigo porque nunca podrás cubrirlo y no ver lo que hay en ellos se convierte en una distracción de tu presentación. Sin embargo hay muchas cosas que puedes hacer si el prospecto tiene una pantalla de computador frente a él y le está distrayendo.

Yo dejo de hablar tan pronto como los veo mirar el monitor. Eventualmente se dan cuenta del silencio y te mira. ¿Cuáles crees que son las posibilidades de vender algo a alguien que está leyendo emails mientras se supone que están conversando contigo?

Hablando de manera científica, apestan.

He ido tan lejos que les he sugerido que vayamos a una sala de conferencias para que pueda sacar mis materiales y se puedan evitar las distracciones de los emails entrantes y similares.

Ey, si les molesta, mala suerte.

No vas a ningún lado haciendo una presentación a alguien que no está participando de la conversación. Eso no es vender con éxito. Puede que sea bueno para una sola cosa, y es si vas a cancelar el cobro automático en tu cuenta corriente de tu membresía a Weight Watchers.

Porque si sigues llamando a esos imbéciles ignorantes todo el día te vas a morir de hambre ¡De gratis!

Escuchen equipo, he tenido clientes jugando solitario en sus computadoras mientras se supone que están involucrados en mi presentación.

Con un tipo podía ver el reflejo del juego en el vidrio del Título de Máster que tenían enmarcado y puesto en el muro detrás de ellos. Le dije a ese sujeto en particular "¿Qué tal si pones la Jota en la Reina y entonces me muestras un poco de respeto?"
Me sacó de allí.

Si, debí sugerirle el siete en el ocho y habría podido girar una nueva carta. En cualquier caso, no iba a ganarme ni un céntimo con ese sujeto y a veces confrontarlos les apena y les convierte en un prospecto realmente interesado o incluso un cliente.

No en ese caso en particular, de hecho ahora que recuerdo, me rechazaron de todo el edificio.

Pero es importante que recuerdes que incluso si arruinas una venta y luego lo lamentes, siempre, pero siempre vas a lamentar lo que no hiciste.

No intentar una idea para cerrar la venta, que en retrospectiva puedes pensar que pudo funcionar para alcanzar ese trato te carcomerá eternamente.

Pedir por, esperar y obtener la atención de un blanco es tan simple como ponerte tu cinturón de seguridad. Y mira cuando gente no se lo pone y muere en un choque.

¿Cuantos vendedores no piden la atención completa a su presentación profesional?

¿Y luego hablar básicamente con ellos mismos durante diez minutos se estrella y pierde sus ingresos?

A quien le importa siempre que no se trate de mi o de ti ¿Cierto?

Nos preocupamos por nosotros mismos, esta presentación, este cierre y por eso eres el número uno bebé. Comanda o demanda su atención, si es necesario (La Glock es demasiado), y entonces habrás dado el primer paso hacia el respeto mutuo, controlar la situación y obtener la firma.

Ahora, volvamos a dejar tus cosas encima del escritorio de tu prospecto.

Los beneficios son numerosos. Puedes revisar algunas de las cualidades y beneficios resaltantes de tu producto mientras los apilas frente a él en su escritorio.

Te dará la oportunidad de mencionar algo que no escuchó o hacer la pregunta "¿Qué necesita que no discutí con usted?"
Por cierto, este es el momento perfecto para discutir mi uso de ella o él en este libro.

Pasé mi carrera vendiendo principalmente a hombres así que usar él es una simple reacción de mi pasado. De ninguna manera es para ser discriminatorio o despectivo con las mujeres, así que damas, sigan comprando mis libros pero dejen de escribir esas horribles cartas ya.

La vida es muy confusa para cualquier tipo caballeroso de la vieja escuela como yo. Nunca estoy seguro de dónde puedo ir al baño. Las señales en la puerta tienen a un tipo llevando pantalones en una pierna y vestido en la otra.

¡Fui a Adam and Eve's a comprarle un negligé a mi esposa y habían cambiado el nombre a Adam and Steve's! Así que si digo que le vendí a él, cámbialo a ella si te hace sentir mejor.

Gracias, sigamos adelante.

Se dice que una imagen vale más que mil palabras y que no todos leen a la misma velocidad.

Así que si les muestras una imagen, un folleto o incluso una versión física de tu producto ¿Por qué no darles el tiempo de mirarlos?

39

Para ti, hojear un folleto o pilas de cosas es algo de todos los días. Has visto estas imágenes y gráficos un millón de veces, pero tu blanco no. Todo es nuevo para él así que dale tiempo de entenderlo.

Todo lo que les enseñes es una parte importante de tu historia o ni siquiera te molestarías en enseñárselos, así que recuerda que la persona que está intentando verlos y absorber su significado puede ser un lector lento. Debes ser paciente y darle a cada quien tiempo de entender lo que tú ya sabes.

Podría resultar que esté interesado en esa imagen en particular y esté dispuesto a lanzar un montón de señales de compra. Todo lo que tienes que hacer es hacerte bueno esperando. Mostrar algo es lo mismo que hacer una pregunta verbal, debes esperar por la respuesta o una reacción.

¿Estas prestando atención hacia donde está viendo? Quizás hay algo de lenguaje corporal negativo o expresiones faciales que vienen cuando ve una de las piezas de tu presentación.

No puedes simplemente pasar de eso. Debes darle tiempo de expresar sus preocupaciones para que puedas lidiar con cualquier objeción justo en ese momento y lugar. Si no lo haces, entonces tendrás una objeción suprimida y necesitarás un martillo neumático para poder volver a ella y cerrar el trato.
Vender es como una pista de carreras con cambios de dirección, una larga recta final y la bandera a cuadros es la firma.

Vender no es solo tu contra la competencia, también eres tu contra cualquier otro pensamiento que ocupe su mente. Solo segundos antes de que te sientes frente a él, estaba pensando en su esposa, su novia, su esposa enterándose de la existencia de su novia y quien sabe que más.

Una vez que superes todo lo demás y tengas una ruta directa a una decisión, necesitas hacer que cada pregunta salga a la luz, satisfacerla y entonces atacar.

Adicionalmente, cualquier otra consideración que requiera el dinero que tu blanco tiene para gastar, desde el presupuesto restante de los contadores, otros vendedores y la ortodoncia de sus hijas, todos están arañando y raspando una pieza de la tarta de dinero.

Una vez te sientes frente a él recuerda que vender es una carrera contra todo y todos los que intentan tomar sus dólares, no es una carrera contra el reloj.

Tomate tu tiempo y dale la oportunidad de disfrutar lo que le estas mostrando como si se estuvieran sentando en el auto de sus sueños.

Y entonces una vez que has dejado que el murmullo del motor les relaje y el olor del tubo de escape domine sus sentidos, puedes ofrecerle tu espalda para que firmen el contrato y así no rayen la pintura.

El remordimiento del comprador, es malvado

Un día, tres ancianas mueren y van al cielo. Mientras esperan en la larga línea para pasar la Administración de Seguridad en el Transporte (TSA), se hacen amigas.

Cuando San Pedro viene les habla como un grupo y dice "Tenemos una sola regla aquí y mientras cumplan esa regla amarán estar en el cielo por siempre."

"Miren a los patos caminando libres por donde quiera que vayan?" dijo. "La regla es que deben tener mucho cuidado y no pisar a los patos," y se fue.

Las tres mujeres pensaron que esta era una regla bastante sencilla de seguir y se fueron a revisar los alrededores de su nuevo hogar.

Ni siquiera treinta segundos después una de las mujeres accidentalmente pisó la cola de un pato. Casi de inmediato San Pedro estaba parado allí, y no estaba solo.

Junto a él estaba el hombre más feo que cualquiera de las mujeres vio jamás. San Pedro tomó la mano de la mujer que pisó al pato y la esposó al hombre horrendo.

Tu castigo por pisar al pato es pasar la eternidad con este hombre, dijo y se desvaneció.

Las dos mujeres restantes discutieron lo que acababa de suceder y se pusieron de acuerdo en que se ayudarían la una a la otra a ser muy cuidadosas y no pisar a los patos pero no sirvió de nada.

Verás, la segunda mujer dio un paso atrás para permitir que un pato pasara y pisó la pata de otro pato que estaba detrás de ella. E instantáneamente San Pedro estaba parado allí, y de nuevo no estaba solo.

Junto a él estaba el hombre más feo que las mujeres hubieran visto nunca. San Pedro tomó la mano de la mujer y la esposó al hombre feo.

Tu castigo por pisar al pato es pasar la eternidad con este hombre y entonces se desvaneció.

Ahora, la mujer restante estaba muy nerviosa y con razón. Después de todo, solo había estado en el cielo unos momentos y fue testigo de no una sino dos mujeres siendo sometidas a una eternidad con unos compañeros muy indeseables.

Ideó un plan para deslizar sus pies por el suelo y nunca levantarlos. Aunque esto hacía ir de un lugar a otro muy tedioso, a ella no le importaba porque pensó que estaría una eternidad allí de todos modos.

Varios meses pasaron sin incidentes cuando de repente San Pedro apareció ante ella. Y no estaba solo. A su lado estaba el hombre más viril y hermoso que hubiera visto jamás y sin mediar palabra fue esposado a ella y tan pronto como apareció, San Pedro se fue.

La mujer estaba aturdida pero muy complacida de que pasaría la eternidad con este hombre. Se volteó hacia él y dijo, "No sé qué hice para merecer un regalo tan maravilloso como tú." A lo que él contestó,

(Vamos, tú lo sabes. ¡Dilo! ¡Dilo!)

"¡No se usted pero yo pisé un pato!

El remordimiento del comprador, es malvado

Cerraste el trato y la venta ha terminado ¿O no?

Esta es la oportunidad perfecta para venderlo de nuevo y realmente solidificar el trato así como la lealtad del cliente (aunque sea temporal).

"Gracias por su compra, ahora ¿Puedo por favor contar con su atención durante tres cortos minutos mientras paso revista a los artículos individuales que vienen con cada compra, que le estaré explicando a su personal durante las sesiones de entrenamiento?"

He aprendido que repetir lo que ya has presentado reduce el tiempo de atención, sin embargo si lo pones en el contexto de que debe decírselo a otros, ellos escuchan.

"Sé que quizás nunca tenga que usar personalmente el (nombre del producto) pero mi abuelo una vez me dijo que el Amo de la Nave debe conocer cada portilla y tensor."

Lo que estás haciendo con esta acción es reforzar que él es el jefe y le das armas con que defender su decisión de compra cuando la competencia o los contadores vengan y le pregunten porque lo compró.

¡Recuerda, el "Remordimiento del comprador" es un malvado hijo de puta! Tu historia también puede que le ayude a recordar algo que le dijo su abuelo. Si lo comparte contigo entonces habrás creado un sólido comprador por largo tiempo.

Y asegúrate de decirle, "Por cierto, cuando contrate un nuevo empleado vendremos a entrenarlo en como operar la unidad para proteger su inversión y reducir la pérdida de productividad."

¿Por qué? Porque es obligatorio que vuelvas a visitar a ese cliente tanto como sea posible, para tu propia existencia. Si solo te vas y buscas a la siguiente víctima, algún empleado desinteresado va a medio entrenar al nuevo empleado y van a romper tu producto.

Lo siguiente que sabrás es que le compraron a tu competencia porque tu equipo era muy poco confiable o difícil de utilizar. Tú querrás volver tan fácil y pronto como sea posible para que tanto tu como tu producto sean conocidos por todos.

Con esto dicho, intenta usar la vieja línea "Estoy aquí para revisar el equipo" en la entrada y entonces tendrás libertad para vagar libremente por el sitio media hora buscando nuevos prospectos y ventas potenciales.
O desarrollar un enlace en la oficina con el cual tener acceso para entrar más fácil. Que rayos, eres parte del equipo ¿Cierto?

Y a la salida, asegúrate de girar la cabeza en la dirección de la puerta del que toma las decisiones y decir, "Hola, solo soy (Yo, usualmente solo uso mi primer nombre) de (nombre de la compañía) diciendo hola. Estaba revisando el equipo y entrenando a nuevos empleados."

Puedes añadir un, "Por cierto, hay algunos nuevos desarrollos emocionantes. ¿Está bien si veo a su secretaria y planifico una reunión rápida para actualizarle o mantenerle al tanto? ¿O quiere que hable con alguien más?"

Recuerda que todo cambia y a la velocidad de la luz. La gente y las posiciones cambian. El tipo al que le cerraste la venta podría irse y su reemplazo podría haber sido abordado por la competencia o haber usado una marca diferente en su compañía anterior.

Confía en mí, este es un problema real.

Le pasa a mi equipo de ventas cada día y manejar este lado de la familiaridad en el negocio junto con la búsqueda constante de nuevas ventas es muy difícil y consume mucho tiempo.

Tener la habilidad de solo entrar y no tener que hacer todo el baile en la recepción cada vez siempre ha sido una de mis estrategias para hacer dinero.

Que te concedan acceso rápido te permite solidificar y hacer un anticipo en cada visita sin tener que gastar mucho de tu valioso tiempo de búsqueda de nuevas ventas.

Además, entre menos personas tengas que convencer para poder estar frente a los compradores y usuarios, cometerás menos potenciales errores con ese cliente. ¡Entre más hablamos más lo arruinamos!

Imagina que accidentalmente te descuides en la recepción un día y digas "Ey, sabes de Joe de la sala de correo en el segundo piso. El otro día lo vi en Adam and Steve's comprando un tapón vibrador para el trasero. ¿No es una locura?"

Lo que no sabías es que cuando viste a Joe estaba haciendo cada trabajo dentro de la empresa por un mes porque ahora es el nuevo CEO. Y por cierto, su secretaria está parada detrás de ti. Probablemente no tendrás muchas más ventas allí. Diablos y esa historia no es políticamente correcta y probablemente me va a costar otra venta corporativa del libro ¿Jum?

Pero la vida es realmente así, y ya que nunca he visto uno, no tengo otra manera más corporativa de describir un tapón vibrador para el trasero, así que no hay de otra.

Esta es la vida real la que vivimos así simplemente aprueba el libro y preocúpate de otra cosa como las novias de Trump de hace treinta años.

Vamos, aceptémoslo, vender es más difícil que nunca.

Desde el 11 de Septiembre el acceso a negocios y a edificios enteros ya que hablamos, se ha vuelto tan cerrado como el servidor de emails de Hillary, así que en mi libro y este es mi libro, cada manera de entrar es una victoria.

La brillantez es fugaz, pero la estupidez tiende a dejar marca ¡Así que limita la charla trivial y trabaja duro para ser brillante!

También es importante recordar que los contadores dentro de la compañía siempre van a cuestionar la decisión de compra para asegurarse de que es dinero bien invertido, es su trabajo.

Así que has el tuyo. Cierra el trato, toma el control y prepárate para el futuro al reafirmar la decisión y limitar el remordimiento del comprador. ¡Procede como si el éxito fuera inevitable!

Hagas lo que hagas, recuerda que la manera más rápida de convertirse en un chico de las bolsas es vender y correr a la siguiente oportunidad sin hacer un sumario, así que no seas un vendedor de "uno y listo."

Has un hábito de entrar, y entonces hacer la venta del momento, resume ese trato y obtener una segunda venta, una recomendación y una manera de volver a entrar en la misma visita.

Además, esfuerza en ser demostrativo y no un aburrido parlanchín. La manera rápido de tener clientes felices e informados es mostrarles y decirles en cada venta, no simplemente hablarles en cada venta.

OK, ya he hablado suficiente. Vamos al siguiente capítulo, quiero mostrarte algo.

Una imagen vale más que mil palabras

Recuerda esparcir tus cosas como si fueras el dueño del lugar. Entre más tengas que recoger más tiempo tendrás para dar una sinopsis, un sumario y la reafirmación de la venta o la reapertura del dialogo en una presentación que está fallando.

Entre más cosas físicas tengas que colocar, mejor será la oportunidad de que el blanco vea algo de su interés o ojalá incluso le haga hacer una pregunta o traer un tema que pueda causar futuros problemas. Es importante recordar que es mejor parar una mala venta que tener una cancelación de una venta que pensaste que era un trato cerrado y sólido.

Si es el producto incorrecto y tienes la oportunidad de corregirlo antes de que el cliente cancele y use el error en tu contra, entonces hazlo. Las posibilidades apuntan a que nunca tendrás la oportunidad de verlos y venderles de nuevo si tienen problemas con o sin necesitaron cancelar o devolver tu última venta.

En estos tiempos tecnológicos es importante recordar que si dejas a un posible cliente probar algo por su cuenta o les pides dejarte una reseña de algo en línea, te estas arriesgando.

Cuando no estas allí para guiarles, corres el riesgo de que el blanco se confunda o se frustre con una función o resultado y se dé por vencido. Buena suerte volviendo a entrar para ver a ese tipo.

A menos que puedas hacer una presentación interactiva como en Go To Meeting, pedirle a un posible cliente que haga una prueba por su cuenta puede ser contraproducente y te dará justo en la cara.

Vale la pena presionar por un encuentro cara a cara como tu enfoque en profundidad, que con certeza siempre va a destacar en su memoria. Soy un defensor de las presentaciones poco sofisticadas, porque todos los demás se están matando para ser más rápidos y avanzados.

Nosotros nos atrevemos a ser diferentes y mis presentaciones, a pesar de ser tecnológicamente de la edad de piedra, son un tremendo "descanso mental" para mis blancos y hace fácil para ellos el convertirse en clientes.

En lugar de "Nuestra sopa está hecha con los ingredientes más frescos y cocinada con una antigua receta de los Serpa adquirida en el Himalaya durante una expedición en 1903." Creo que lo sencillo es mejor y en su lugar me iría con una prueba y "La sopa huele muy bien ¿Cierto? ¿Quiere probarla?"
Mi equipo usa una ayuda a la venta de "llévalo en la mano" tanto física como visual, que no requiere mucha lectura por parte del blanco. Esto permite que cada cliente pueda usar su imaginación y cada vendedor use sus propias palabras y personalidad para presentar y cerrar el trato.

Es fácil de hacer, Office Depot creará para unas fotografías a color de 8x10 o una foto a todo color para ti por un dólar. Estos laminasinmediatos te harán a ti y a tu presentación mucho más memorable y fácil de digerir.

Por otro dólar los mando a laminar y de esa manera no importa quien quiera sostenerlos en sus manos seguirán frescos para la próxima presentación. Recuerda, todo el mundo quiere sostener tus fotos y cada quien tiene sus propias razones.

A diferencia de un cachorro que todo el mundo ama sostener solo porque son cachorritos, muchas personas tienen mala visión o son daltónicos o simplemente les gusta sostener lo que leen en sus manos.

Y a ti no te importa por qué lo sostienen, te importa porque cuando el próximo vendedor venga, él no tendrá todas las geniales herramientas interactivas que tú tienes para que el cliente toque.

Así harás su presentación cualquiera un recordatorio más de cómo tu presentación superior destaca en su memoria.

Sin embargo también hay la muy real posibilidad de que cuando este libro se convierta en un "Best Seller", el próximo vendedor en la puerta también habrá acumulado increíble material de demostración, así que tienes otra excelente razón para cerrar ese trato "Ya."

Aquí hay una importante regla acerca del uso de materiales para tocar y sentir. Si la venta no está cerrada y completa cuando te vayas y tu blanco quiera una copia de una pieza en particular de material, no le des una.

[Un aparte – Antes de empezar está practica yo mismo, de hecho pillé a alguien lanzando a la basura el folleto que le acababa de dar mientras salía por la puerta.]

Hoy, siendo mucho más experimentado si hubiera visto eso, le habría pedido simplemente que me lo devolviera.

Pero en esa época simplemente me devolví y lancé toda la basura sobre su escritorio. Allí, con precisión quirúrgica, removí el folleto, le dije que se jodiera y salí por la puerta.

Pero eso fue entonces. Veras, cuando era un joven vendedor, no había libros como los que escribo, y ninguno de mis jefes o gerentes me apoyó nunca. Ellos permitían al cliente tratar al vendedor como basura.

Hoy, yo soy el jefe y en lugar de disculparme por mi equipo de ventas, investigo el problema y si el cliente fue un imbécil, le pregunto por qué es tan imbécil. Entonces llevo a mi representante de ventas a comer.

En fin, traer de vuelta la información que solicitó, en un día o dos logra muchas cosas. Deja claro que estas ocupado igual que él y que volverás a atenderlo tan pronto como te sea posible.

Esto iguala el campo de juego un poco y disminuye su sentimiento de superioridad sobre el vendedor.

Recordemos, si no estuviera interesado no estaría siquiera hablando contigo.

Traerle algo que pidió es una invitación abierta a volver a entrar y te da la oportunidad de intentar cerrar la venta. Nunca dejes pasar una oportunidad de volver a estar frente a tu blanco ni la desperdicies al no pedir hacer la venta.

Además, a menos que sea absolutamente necesario, no le dejes nada con una secretaria o asistente, pero insiste en que te den dos minutos para explicarle algo al respecto al blanco.

¡Solo dos minutes, de verdad!

Entonces has tu mejor presentación de dos minutos y cierra, cierra, cierra.

Él está interesado o no estarías allí. No dejes que el tiempo se ponga en medio de ti y tu venta. El tiempo enfría incluso el metal más fundido. Ataca AHORA mientras está caliente.

¿Ey, por qué no cerramos esto mientras estamos los dos aquí? ¿Es simple cierto? ¿Qué es lo peor que puede pasar? Él podría decir que no, gran cosa, como si nunca hubieras escuchado un no antes.

No puedo enfatizarlo lo suficiente, incluso si tienes veinte copias de lo que quiere en el auto y siete más en tu maletín, debes resistir la necesidad de tomar uno y dejárselo y ciertamente nunca a su asistente.
Porque para el momento en que ella vuelva a su oficina él estará profundamente involucrado con un programa que Arnold Schwarzenegger le dijo que se bajara en la App Store.

De verdad quieres esperar un día o dos para permitir que la curiosidad y el proceso de comprobación de datos sigan su curso para que puedas usar la oportunidad de volver a abordarlo.
Entonces tendrás una presentación fresca y podrás intentar cerrar el trato de nuevo.

Si el trato ya está cerrado, entonces podrás usar la oportunidad de retrasarlo para dejarlo absorber, solidificar la venta, eliminar la culpa del comprador y obtener una referencia o dos.

Si en cambio él quiere hacer una copia de algo que pusiste en sus manos mientras hacías la presentación, déjalo hacerlo. Obviamente está interesado, sino para que haría una copia.

En ese punto trata de hacerte con los nombres de otros con los que está hablando acerca de tu producto y haz una cita de seguimiento. ¿Por qué querría una copia si no es para compartirla con otros? ¿Cierto?

Ya sea que te den una lista o una cita, ahora tienes una gran razón para presentarte en, por ejemplo, dos días, con una copia a color y algunas piezas colaterales de acompañante. Puedes refrescar la presentación e ir por el cierre.

Cualquier excusa para entrar por la puerta es otra oportunidad de cerrar ¿Cierto? Nunca desperdicies la oportunidad de una visita interactiva cara a cara, ya sea una visita de servicio o de ventas. Y no importa lo que hagas, no te presentes preguntando por la copia que hizo el otro día.

Esperar que él conserve la copia que hizo y llegar con las manos vacías es lo mismo que salir de allí con los bolsillos vacíos.

Debes estar preparado SIEMPRE para hacer la venta de nuevo con todo tu arsenal de material de venta independientemente de cuantas veces les visites. ¡Llega completamente preparado para hacer la presentación a quien o quienes sean y listo para cerrar el trato cada vez!

Tener una tarjeta de presentación, algo con lo que presentar y demostrar tu producto, un acuerdo de ventas y un bolígrafo son como la ropa interior y los calcetines sin los que no puedes salir de casa cada mañana.

Decirle a tus posibles clientes que revisen la página Web puede ser un método de negocios de hoy en día, sin embargo puede que no pueda acceder a la Web o entender tu programa. (Para muchos de nosotros Space Invaders es el pináculo de nuestro entrenamiento tecnológico). De hecho, él podría tener bloqueos de seguridad para ver sitios Web desconocidos en su computador.

Así como yo estoy restringido de ciertos sitios Web en mi escritorio, lo que me fuerza a ser más productivo, muchas compañías tienen protocolos de seguridad similares.

Estas tomando un riesgo si le pides a tu blanco hacer la investigación, venderse y cerrar el mismo. Tu trabajo de tiempo completo es obtener la orden, y obtenerla ahora.

Es muy posible que mientras parqueas el auto en una zona de solo cinco minutes y corres con las manos vacías a buscar tu orden, el que toma de verdad las decisiones está sentado en la oficina de compras y quiere saber cómo funciona esta nueva cosa que está comprando. ¡Y tú tienes las manos vacías!

Nunca sabes a quien más vas a conocer en una cuenta o en la calle, así que es imperativo que lleves todo lo que necesitas, todo el tiempo que vayas a tener un cara a cara.

Y recuerda que el aseo personal, puntualidad, preparación, positividad, presentación, rentabilidad, perseverancia y persistencia son todos pasos necesarios para poner tinta en ese trato.

Discúlpame, debo ir al baño.

Siempre es el dinero

En mi carrera he aprendido que hay tres reglas básicas en las ventas.

Regla #1 – Siempre es el dinero.
Regla #1 – No importa cuánto dinero tengan, no quieren dártelo a ti.
Regla #1 – Siempre es el dinero.

Podría escribir un libro entero solo acerca de este tema y cubrirlo extensivamente en mis libros de ventas [Excrementos de Dinosaurio (Amazon) y Ocupa esto (Amazon)] ¿Parece que te hace desear leer eso libros, no?

Este es un tema que necesita ser cubierto en cada oportunidad que tengamos y desde tanto ángulos como sea posible así que aquí voy de nuevo en otra toma de por qué es siempre acerca del dinero.

No tengas miedo de tu precio. Los precios son como número de teléfono y todo el mundo tiene uno. Solo necesitas darles una razón para marcar el tuyo.

Como cuando conoces a dos chicas en un bar y las dos te dan su número de teléfono.

¿Llamas a la caliente mesera rubia que necesita un dólar prestado para comprar pretzels o la relativamente poco atractiva que resopla cuando se ríe y cuyo padre es el presidente de la junta de una empresa multinacional cuyo jet ella está usando para ir a los Hamptons el fin de semana?

Lo creas o no esta es la misma pregunta que tu prospecto se está haciendo acerca de tus fotocopiadoras, seguro o servicio de recolección de basura.

¿Basta con la apariencia? ¿Quiere comprar lo mejor para el futuro o solo salir del paso por el momento?

Con suerte eres el más costoso del mercado y puedes presentar gran calidad, desempeño y superioridad del producto en medio de ti y la competencia, justificando así el precio más alto.

Esto significa que puedes hacer y has expresado el hecho de que tú, tu compañía y tu producto tienen la mejor calidad, infraestructura más sólida, alto nivel de servicio, tecnología más nueva, investigación más avanzada y la conversión más rápida que hay en el mercado.

Y ahora la parte más divertida, todo lo que he dicho puede aplicar a

MONITOR DE MEDICIÓN DE RADIACIÓN, CONTADOR DE IMPULSOS MULTINIVEL DIGITAL DE CALIBRADO AUTOMATICO

O una.

NUEV O EXHIBIDOR DE MOSTRADOR CON 200 TAMAÑOS DE BOLSILLO DE GOMA DE MASCAR CON SABORES DE MENTA Y SIEMPREVERDE

Vender, más allá del dinero, es acerca de crear una imagen visual para tu cliente que les ayude a tomar la decisión como si estuvieran viendo y tocando el valor de tus mercancías allí y ahora.

Pero antes de que puedas tener este milagro de venta exitosa, el cierre, primero debes tener tu presentación y conversación de dos vías correctamente.

Entonces, una vez que la tengas fluyendo bien, no importa cuál sea tu precio porque habrás destacado y beneficiado a tu posible clienteen una cabeza que asiente con furia durante la conversación y con un bolígrafo en mano clama por más sitios en los que firmar.

En otras palabras, ellos ignorarán los resoplidos.

Para la mayoría esto significa práctica, y yo soy el primero que dice que no debes convertirte en un peleador en medio de una pelea. Si entrenas incorrectamente, entonces mejorarás en levantarte de la lona en lugar de poner a tu competencia contra las cuerdas.

Todo el que ha trabajado conmigo, para mí, alrededor de mí, ha escuchado mi programa de radio Sales Mojo o ha leído alguno de mis libros, sabe lo que viene. La siguiente lección más importante que puedes aprender, no solo al vender sino en la vida es,

¡La práctica lo hace permanente!

La práctica logra la perfección solo si usas un modelo perfecto, pero si practicas con un modelo defectuoso vas a ser permanentemente defectuoso.

¡En otras palabras, la mierda entra, la mierda sale!

Es difícil o casi imposible el olvidar las palabras equivocadas, procesos o métodos que han sido practicados y moldeados a tu presentación o a tu vida diaria.

Por eso es que tu madre siempre te dijo que te pararas derecho. Yo mismo aun puedo escuchar a mi madre diciendo "deja de jalarte esa cosa." OH, lo siento, memoria equivocada.

La memoria muscular y de la mente de caminar con los hombros abajo y encorvados no se va una vez que se ha vuelto la posición aceptable para tu cerebro.

Solo tienes que mirar a la gente en la calle. Puedes fácilmente elegir a aquellos cuyas madres nunca les dijeron nada acerca de su postura.

La excepción es Cuasimodo, él no podía evitarlo. Nota histórica – Cuando Cuasimodo se calló de la catedral de Notre Dame y la multitud se acercó, un guardia dijo "¿Alguien sabe quién es este?" Alguien de la multitud respondió "No sé su nombre, pero su cara me suena."

En fin, practicar es necesario pero la práctica hace las cosas permanentes así que asegúrate que estas usando los ingredientes correctos para el éxito.

Si eres uno de los pocos afortunados que tiene un gerente de ventas o un entrenador de ventas a quien le importa su éxito y no solo sus hojas de cálculo y reportes, pídele a esa persona algo de entrenamiento uno a uno.

Nada de esa mierda de juego de rol en grupo sino una conversación real tomando un café acerca del campo de batalla allí fuera y las experiencias de él o ella peleando en la gran pelea y ganando negocios.

¡Me refiero por supuesto a la batalla por el éxito!

Además, para alcanzar el nivel de éxito por el que aspiras es imperativo que te introduzcas en el departamento de mercadeo y publicidad de tu empresa. Una vez lo hagas pregúntales por qué eligen ciertos aspectos a destacar del producto y otros los ignoran.

Allí entre aquellos que viven y respiran tus productos, tú podrás aprender de los éxitos, fracasos, problemas y dolores del crecimiento que hacen de tu producto lo que es.

Conocer la historia hace más sencillo probar que eres la mejor inversión en el mercado. Entender por qué tu producto ha tenido muchos cambios en su vida te permitirá tener conversaciones más profundas con tu blanco y te sacará de la información impresa, "fuera del menú" si lo prefieres.

Este conocimiento íntimo de tus productos establecerá con tu blanco que eres el experto y la mejor persona en la que confiar con sus decisiones de compra.
Es refrescante para los compradores escuchar sobre cosas que no estaban funcionando exactamente como se planeó y se corrigieron a través del ensayo y error.

Este conocimiento interno también ofrece la oportunidad de discutir las muchas cosas que se mejoraron en el modelo más reciente que es el que estamos discutiendo hoy.

Es incluso más refrescante para un cliente el tener a un vendedor profesional que no tiene miedo de discutir ese algo complicado pasado de sus productos o servicios para que el blanco sepa que está negociando con una realidad y no con humo y espejos.

Transparencia, como la llaman los políticos. Pero en lugar de poner excusas tú dices y explicas como las cosas fueron corregidas y ahora no hay fallos con el producto que estás orgullosamente vendiendo, así que firma aquí.

Ahora si no hay ningún lugar del que obtener información que sirva como material para vender o si no puedes encontrar las razones para los éxitos o fracasos pasados, vas a tener que construir tu propia base de conocimientos.

El mayor problema aquí es, como en todo con lo que no estas familiarizado, que sin un usuario anterior solo tienes un folleto del que aprender. En casos como este te arriesgas a aprender mucha información errónea muy rápido y a ponerte detrás de la bola ocho después de romper.

Yo siempre he sido aficionado a encontrar un usuario final local de mi producto o servicio o incluso de productos o servicios de la competencia.

Simplemente ofrécete a comprarle una taza de café a esa persona si te pueden conceder algunos minutos y explicarte este nuevo producto que ahora necesitas vender solo con un folleto.

O, si es un usuario competitivo, me da datos de primera mano acerca de lo que están usando con el propósito de hacer una comparación.

Al decirle a tu experto que no vas a presentar de manera engañosa ninguno de los productos y que ciertamente reconocerás y respetarás su experiencia en el área, ellos te dedicarán un poco de su tiempo.

Recuerda, todo el mundo se considera a sí mismo un experto en algo y a todos les gusta enseñar.

Si tu experto elegido le gusta lo que les estas vendiendo no hay nada malo en usar un cierre sencillo como "¿Así que, quieres uno? Puedes ser mi primer cliente."

Aunque en esta situación será algo vulgar cerrar con mucha frecuencia, yo pienso que es perfectamente aceptable exprimir a esta gran fuente de información por referencias de potenciales compradores.

Recuerda que no tienes la experiencia y educación de tu experto ni quieres engañar a nadie al describir un producto o servicio de manera incorrecta. Dile a tu nuevo maestro que necesitas el consejo de un experto para que puedas hacer el trabajo honesta y correctamente.

Aquí hay un ejemplo simple de por qué quieres el consejo de alguien que ya esté en el juego.

Los mecánicos con frecuencia se vuelven vendedores de herramientas. Pero es el mecánico que está acostado debajo de un desastre de aceite de motor quien primero se da cuenta de que un fabricante acaba de producir una nueva tuerca con forma de estrella que necesita ser removida.

El trabajo entero ahora está paralizado y no puede ser completado sin esta nueva herramienta para remover la tuerca.

Si, el hecho de que necesitan esta llave inglesa puede haber sido uno de los cientos de nuevos boletines que se supone que los mecánicos deben leer pero ignoran. Pero ya no importa. Él necesita la llave.

También es posible que el vendedor si leyó los cientos de boletines de nuevos productos que van a ser lanzados ¿Pero cómo se supone que sabrá que 'está sola llave será su trampolín al éxito? Después de todo era solo una nueva llave que se añadió a su línea de productos.

Así que al hacer llamadas en frío tanto a clientes como no clientes y preguntar "Que hay de Nuevo" él se entera de que esta nueva llave es la clave para una avalancha de negocios.

Como más autos van teniendo problemas que necesitan remover esta tuerca nueva de forma loca, él puede estar allí con la solución. Este vendedor necesita apurarse y llamar a su compañía para investigar acerca del inventario, entregas y precio para recibir órdenes de esta llave inglesa.

Por supuesto, si él pudiera poner sus manos en una llave para temporalmente ayudar a ese mecánico con el trabajo paralizado, podría tener un cliente de por vida y muy probablemente referencias de todos los otros mecánicos en ese taller.

Probablemente él podrá incluso pedir una copia del boletín del fabricante (Sé que yo lo obtendría y lo plastificaría para hacer presentaciones) para llevarlo puerta a puerta mientras vende la nueva llave a cada mecánico con el que pueda hablar.

O si no están inventariadas todavía, tomar depósitos para el inventario limitado que vendrá la próxima semana.

Y por cierto, esta compra le califica para nuestro plan de pago de bajo interés para un juego completo de herramientas.

Me estoy emocionando aquí pero volvamos a por qué necesitas a alguien que use o conozca en profundidad tu producto para que te enseñe la base de tu presentación de ventas.

Además, una breve visión general de un usuario final de tu nuevo artículo te dará las palabras de moda, las áreas de las que debes alejarte y evaluaciones de costo que necesitas para comenzar y arrancar a vender el producto correctamente.

Una frase equivocada puede traer preguntas u objeciones para las que no sabes la respuesta y entonces el cliente es un iceberg y tú eres el Titanic.

Todos estos aportes acertados de tu usuario final, combinados con tus propias habilidades para hacer buenas preguntas mejorarán tu base de conocimientos y en consecuencia te darán una plataforma sólida sobre la que vender y tener éxito.

No sacudas la cabeza. Todo el mundo ama enseñar. No hay un mayor honor en la vida que alguien pidiéndote que les pases la antorcha del conocimiento. Por eso es que dirijo equipos de ventas. Por eso es que escribo.

Alguien debe ayudar a otros a desarrollar sus habilidades al punto en que puedan seguir adelante y prosperar sin miedo de los precios y la competencia.

Y una vez que tus hábiles vendedores profesionales recientemente desarrollados lleguen a la cima, con suerte van a dar un paso al frente y continuarán la enseñanza para las nuevas generaciones de inocentes representantes de ventas para que nosotros los viejos podamos vivir en Florida y escribir libros.

Más inteligente que el oso promedio

Así es, Yogi.

Si hay un ladrón de cestas de picnic allí fuera, además de ti, hay muchos que lo quieren. Aquel que de hecho se lo lleva todo se reduce al que tenga ingenio. ¡ese eres tú! Así que vamos al punto central.

Para esto viajamos en el tiempo a la alegre y vieja Inglaterra.

Como todos los gobierno, los británicos siempre han sido aficionados a los impuestos. Pero ya eso lo sabías, porque si no fuera por los impuestos en las Américas, todo aquel tema del Acta del Té, el asunto con Paul Revere en los años 1700, todos estaríamos conduciendo Jaguars del lado incorrecto de la calle hoy en día.

En fin, esta discusión sobre los impuestos es la manera perfecta de cubrir el tema de que si lo quieren encontrarán la forma de tenerlo.

A mediados de los años 1600 y hasta el año 1747 (no mucho antes de nuestro pequeño altercado por los impuestos que llamamos la Revolución Americana) Inglaterra estaba en el medio de un frenesí de la construcción y las casas hileras de casas de ladrillos iban en aumento a un ritmo febril.

El gobierno inglés vio esta prosperidad ocurrir y dijo, "Espera un momento. Tenemos que recibir nuestra cuota" y de esa manera nació el impuesto a las ventanas.

Escuchaste bien, un impuesto a las ventanas. El gobierno británico cobraba impuestos a las personas basado en el número de ventanas que tenían en sus casas.

Ya no tenían que ir puerta a puerta haciendo un conteo de cabezas (nuestro censo) para tener la parte del león del todo de todos. Solo necesitaban dar un paseo por la calle y cobrar impuestos basados en cuantas ventanas tenían las casas.

Ahora la mayoría de las casas que se construyen en Londres, por ejemplo, eran viviendas multifamiliares o hileras de casas y con muchas unidades vienen más y más ventanas así que no importa que tan pobre fueras, tu impuesto de ventanas hacía que tu bolsillo estuviera mucho más vacío.

Esta era una manera tan simple de tomar tanto de tantos que pronto Escocia y Francia se unieron a la fiesta y pudieron un impuesto a las ventanas propio.

Al principio, si había diez o más ventanas en tu casa, tú tenías que pagar el impuesto. Pero como todos los gobiernos, el de Inglaterra se puso codicioso y en 1747 bajaron el número de ventanas que eran sujeto de impuestos a solo siete.

Y si te gustan tus ventanas, puedes conservar tus ventanas.

Pues bien, como te podrás imaginar, los ciudadanos británicos no se iban a tomar esto con calma.

Se rehusaron a vender sus pocas cosas para pagar más impuestos. Pero en lugar de decirle al gobierno que se lo tragaran y se largaran (en el colorido lenguaje de los británicos) y entonces terminar con sus cabezas y brazos encerrados en la picota, ellos necesitaban un poco de intervención divina.

Y allí es cuando el ingenio de un vendedor salió al paso para convertir las necesidades en deseos y los deseos en necesidades.

Nota histórica – La práctica de vender y crear deseos y necesidades es tan antigua como la Edad de Piedra registrada. Pinturas rupestres han sido descubiertas con un rudimentario pero comprensible parecido a un hombre antiguo intentando obtener un mejor precio de un antiguo vendedor.

Otro hecho genial – Hoy, en diciembre de 2016 hay un impuesto activo en Bruselas, Bélgica, que se llama el Impuesto al Baile. No estoy bromeando, si vas a un club y bailas entonces tienes que pagar el equivalente a 40 centavos de impuesto. ¡Así que bebe, baila y paga!

Pero de vueltoa a los años 1700, un brillante vendedor de materiales de construcción, al que llamaremos Pedro y su comerciante, al que llamaremos Pablo, idearon un plan maravilloso.

Pedro y Pablo fueron puerta a puerta y le vendieron bloques y pintura a los dueños de casas para que hicieran desaparecer sus ventanas. Fue un brillante discurso de venta. Sin ventanas no hay impuesto.

Si, le vendieron la idea y los materiales correspondientes para simplemente cubrir con bloques las ventanas y además proporcionaron la instalación de estos bloques por una pequeña cuota adicional.

Cuotas que tenga en mente que serían rápidamente recuperadas por el futuro ahorro en impuestos.   ¡Firme aquí!

Uno a uno virtualmente cada casa en cada bloque en cada vecindario estaba cubriendo la mayor parte de las ventanas de la casa y pintando los nuevos bloques para que fueran a juego con los muros externos. Hecho histórico genial – Estos edificios con las ventanas cubiertas de bloques aún se pueden ver en zonas más antiguas de Londres.

Ahora para cerrar el círculo de esta historia, en 1766 en parte gracias al tremendo éxito del programa de ventas de Pedro, el número de casas con siete ventanas fue reducido en dos tercios lo que contribuyó a que el gobierno casi se fuera a la quiebra.

Otro efecto del rango de la proporción de cierres de Pedro y Pablo fueron los problemas de salud no intencionales causados por vivir sin suficiente luz y aire fresco por la falta de ventanas.

Esto incluyó la cólera, viruela y fiebre tifoidea para nombrar a los tres grandes.

Como probablemente habrás adivinado, estos problemas adicionales asociados a cubrir con bloques las ventanas, provocaron que el impuesto fuera eliminado y entonces el gobierno británico empezó a buscar de inmediato nuevas maneras de ganar dinero sin trabajar nada.

Esta necesidad de ingresos nuevos fue probablemente el catalizador de todo el asunto de la Revolución Americana por el Impuesto del Té.

Ahora, no me lo tomen a mal, muchos se beneficiaron del impuesto a las ventanas. Incluyendo nuestros dos emprendedores empresarios, Pedro y Pablo que ganaron una fortuna y se compraron todo lo que siempre desearon. Los chicos construyeron casas enormes con 25 ventanas cada uno y las llenaron con todas las mejores cosas que el dinero podía comprar.

Y entonces piénsenlo, todo este éxito vino de su puro ingenio y esfuerzo gracias a un impuesto que creó una idea que entonces creó ventas que crearon comisiones.

Y aquí estamos de vuelta en el comienzo de la historia. ¿Pero qué significa todo esto?

¿Estás pensando lo mismo que yo?

¿Qué Wilma y Betty no parecen el tipo de chicas que necesitan 25 ventanas?

¿Piensas que las chicas siguen gritando Yabba Dabba Do cada vez que limpian esas enormes casas o anhelan en silencio esos tiempos mejores para que puedan tener a sus criadas de nuevo?

Ya que la riqueza colectiva de los chicos venía de una línea de productos limitada en una industria que fue creada y destruida por la codicia del gobierno, que incidentalmente desapareció más rápido que el brazalete Livestrong, Pedro y Pablo tuvieron que encontrar un nuevo trabajo para sobrevivir.

¿Que iban a hacer Pedro y Pablo para ganar el dinero que necesitaban para pagar por lo que tenían y también por las cosas que todavía querían?

¿Después de todo, quien podría predecir este resultado? Realmente no los puedes culpar por no aumentar su línea de productos más allá de su emblemático bloqueo de ventanas, porque estaban trabajando tan rápido como podían para ganar todo lo que pudieran.

Además, ellos tenían que derrotar a la competencia que ya estaba pisándoles los talones.

Cada día nuevas compañías aparecían para cubrir las ventanas con ese nuevo y económico ladrillo chino que llegó al mercado. Y su elección fue o la expansión o sobrevivir.

Recuerda, eventualmente, debido a la virtualmente garantizada competencia del mercado barato, cada negocio queda atrapado en el atolladero de crecimiento vs. supervivencia.

Atolladero nombre masculino
1. Un acaparador extranjero que vende basura barata que empieza a hundir negocios como si estuvieran en arenas movedizas.

Ejemplo de Atolladero en una frase:
"Esos bastardos chinos monta ladrillos están creado un tremendo atolladero haciendo nuestros márgenes más pequeños y nuestra supervivencia más cuestionable cada día."

Con ese fin les hacemos una simple pero muy importante pregunta.
¿Cuándo tienes un producto emblemático, como sobrevives una vez la emoción se acaba?

Pero primero nos preocupamos del fin en el que tenemos que enfocarnos ahora.

Debes cerrar con cada blanco que puedas tener en frente, haciéndote de este modo increíblemente exitoso y estúpidamente rico, lo cual supuestamente alivia tu estrés del día a día.

Si, ya se lo que piensas, que el dinero trae nuevos problemas, pero ese no es el estrés del que estamos hablando. Estamos hablando de cómo un blanco puede identificar a un vendedor que necesita la venta.

Como el tipo en la película de Schwarzenegger que se suponía que tenía que estar en el nuevo de Arnold pero de repente suda. Una vez la gota de sudor empieza a rodar por su mejilla ¡Bam!

No es diferente para nuestros blancos. Ellos ven cada pequeña contracción, oyen cada error y frase nerviosa y saben cuándo de verdad necesitas la venta. Entonces aquí se sienten todopoderosos y empiezan con las exigencias de descuentos y concesiones.

Ellos deben querer y necesitar lo que vendes sin ninguna distracción causada por ti.

Asumamos que eres un verdadero estudioso de tus productos y servicios, conoces la historia de tu compañía y tienes un manejo en los inventarios y los horarios de entrega entonces estás ya años luz por delante de tu competencia.

Tengamos en mente que solo dos de cada diez vendedores son verdaderamente exitosos pero varios factores como algún lame culos en el lugar y momento indicado todavía pueden robarte tu orden.

Así que si tienes a nueve competidores, ocho de ellos son una molestia pero podrían estar en el lugar y momento indicado y el otro es una verdadera amenaza.

Necesitas una ventaja adicional para ser el mandamás y conseguir cerrar el trato la primera vez o ser el que lo persigue. Entre otras cosas, esa gota de sudor no va a ayudarte.

Sereno, confiado como un espía internacional entrando a un bar, ese eres tú. (Y Sparky en Las Aventuras de Sparky – El Pirata llevaba Zapatos de Madera (Amazon))

¿Pero es así? Hablemos un minuto acerca de lo que realmente ve un blanco cuando te ve entrar por la puerta.

¿Alguien pidió pescado?

¿Qué fue lo que comiste en el almuerzo?

¿Eres ordenado y presentable? Incluso si llevas puesta una camisa de golf con el logo de tu compañía en ella como hacen tantas empresas, de todos modos necesitas parecer profesional y exitoso.

¿Está tu camisa planchada y están tus pantalones limpios y planchados?

Lavar y ponérselos no necesariamente significa sacudirlo y ponérselos. Date un vistazo en el espejo y si no luces como alguien que te gustaría que te vendiera a ti, tomate el tiempo de solucionarlo.

¿Están tanto la parte de arriba como la de abajo de tus zapatos limpias?

Entrar a la oficina de alguien no es diferente de entrar en la casa de alguien. Se requiere respeto. Dejar un rastro de pisadas en la alfombra del cliente será un recordatorio constante del cerdo desconsiderado que eres. Buena suerte cerrando ese trato.

¿Qué tal están tus uñas? ¿Estuviste trabajando en el GTO del 73 este fin de semana? (Bastardo afortunado)

¿Tienes todos tus materiales de presentación contigo?

¿Ah, usas un IPad? No tener la imagen o el folleto descriptivo de los productos que estas vendiendo contigo es la ley favorita de Murphy para el fracaso garantizado.

Tu IPad no va a encender y no podrás mostrar el producto así que le pides a tu blanco mostrarle el producto en su computadora de escritorio y ahora viene aún más de la Ley de Murphy.

Si, escribes la dirección web del sitio de tu aparato de 3D adaptable pero lo que sale es el último sitio web que él visitó. Y mira que, es la escena de la mamada de Debbie Does Dallas. ¡En 3D!

¡Podrás reírte pero me pasó a mí! (Aunque no había 3D en esa época). Buena suerte cerrando ese trato o logrando ver la película entera, yo tampoco pude.

La falta de preparación, como tener un simple papel para hacer la presentación, te fuerza a describir lo que estas vendiendo solo con palabras y como bien sabemos, una imagen vale más que mil palabras.
También sabemos que ningún blanco se va a sentar a escuchar mil palabras. Esto es niños y niñas, por lo que plastifico fotografías a color de 8x10 de los productos claves para que mi equipo de ventas las lleve en su bolso de vendedor.

Mi equipo de ventas (del cual ahora eres parte incluso si solo pediste prestado este libro) puede hacer una presentación sin tiempo de preparación, en el bus, en un estacionamiento o incluso en el cuarto de baño si es necesario. (Lávate las manos primero)

Esto es asumiendo que han practicado correctamente porque recuerda "La Practica lo hace permanente." Ellos tienen un bolígrafo (que sirve), un contrato limpio y presentable junto con una tarjeta de presentación nueva y brillante y una actitud ganadora de "hago esto todo el tiempo."

Entonces y solo entonces van a tener un alto porcentaje de ser el ganador, todo el tiempo.

Me gustaría tomarme un momento para agradecer a mi equipo de ventas a lo largo de los años y dar la bienvenida y desearles un tremendo éxito a todos ustedes los nuevos miembros.

Cuando ustedes lo hacen bien quiere decir que yo lo hice bien. Ganar en el juego de vender es de hecho bastante simple para un individuo hábil y extrovertido como tú.

Vender es totalmente acerca de tener una apariencia exitosa, actitud y estar preparado combinado con inteligencia y un duro esfuerzo.

Vender significa que no tienes un límite salarial. (Y si lo tienes, o renegocias ese trato o te encuentras una nueva compañía.)

Aquí hay unas preguntas básicas altamente recomendadas que deberías hacer antes de salir a vender cada día.

¿Tienes contratos y acuerdos nuevos?

Contratos viejos y arrugados crean la apariencia de que raramente los usas. El blanco imagina que se estropean en tu maletín porque siempre son metidos de vuelta ¡Y sin firmar por supuesto!

Sugerencia: Mantén todos los papeles que requieran la firma del cliente en una carpeta para que siempre estén en perfecta condición.
Si siempre obtienes la firma de tu cliente en tu IPad, es altamente recomendable que tengas algunas copias impresas del acuerdo en tu maletín para esas veces que Murphy viene a visitarte y la pantalla de tu IPad se queda negra.
¿Eres de los que se empeñan en las tarjetas de presentación?

Personalmente esta es una de las cosas que más odio. Tu tarjeta de presentación no es solo una representación de ti sino de tu compañía y producto. Las tarjetas en sociedades como Japón, son tan importantes que son presentadas con las dos manos.

Inténtalo con las dos manos, eso eleva la curiosidad de tu cliente y puede que tengas que explicar por qué lo hiciste, dando inicio a esa tan importante conversación.

Sí, es solo otra manera de diferenciarte de las masas y ganar el juego.
¿Tienes un bolígrafo?

Solía insistirle a mi equipo de ventas que presentaran un bolígrafo junto con el acuerdo a firmar hasta que me di cuenta que pedirle al blanco un bolígrafo era una buena prueba de cierre y una manera fácil de hacer pasar el bolígrafo y el papel a su mano para que firme, así que esto queda a criterio propio.

Pero un consejo, ten un bolígrafo escondido en tu bolso de todas maneras en caso de que el blanco no tenga uno, para que puedas escarbar y decir "Aquí está" y dárselo.

¿Qué almorzaste?

Hablar con un blanco con tu boca apestando a cordero al curry con salsa de raita y cebollas rojas del restaurante indio de la esquina, probablemente hará que tu blanco no piense en nada más que "apestas" y olvide todo lo demás que digas o hagas.

Cuando su socio entre al final del día y le pregunte quien era ese vendedor, en lugar de decir "tenía una solución asombrosa para nuestro problema, déjame mostrarte," la respuesta será, "un tipo cuyo aliento olía como el trasero de un camello, no podía esperar más para que se fuera."

Lo mismo va para las colonias y fragancias.

Si tu crema de afeitar, spray o gel para el cabello, desodorante, colonia, detergente y suavizante de ropa están todos luchando por el número uno de a que hueles hoy, sigue mi consejo, lánzalos a la basura.

Si el blanco piensa que estuviste en un terrible accidente y te golpeó un camión lleno de las fragancias Hai Karate, y luego te lanzaron por la ventana de un restaurante indio por accidente, su atención a tu presentación será tan difícil de contener como uno de esos emails de Hillary.
Como un profesional de las ventas exitoso, debes pensar y ser sensible al como abordas las más simples decisiones cada día.

No tan diferente de un cirujano que pasa por el ritual de vestirse y se friega antes de una cirugía, necesitas preparar tu maletín, inventariar como te ves, suenas, hueles y la cantidad de éxito que proyectas desde el día antes de que entres por la puerta de tu blanco.

De lo que estamos hablando realmente aquí es del hecho de que cada cara a cara es una oportunidad de incrementar tus ingresos y cada paso del proceso es igual de importante.

Independientemente de tu aspecto físico, ya sea que seas el viejo tú o el tú que se comió un dos por uno de cuarto de libra (Ey, a todos nos ocurre) para estar preparado debes lucir preparado y para ser exitoso ¡Debes parecer y actuar exitoso!

Eso me lleva a otro requerimiento muy importante para el éxito. Yo lo llamo…

El primer beso

Hay ciertas cosas en la vida en las que puedes colgar tu sombrero como en virtualmente todas las novelas románticas, canciones country y comerciales de anillos de compromiso. ¡El primer beso!

Qué momento tan inolvidables, la adrenalina, ese sentimiento de nervios en el estómago, el alcohol. Ok, lo que sea, asiente si estás de acuerdo en que como regla, el primer beso o cierra el trato o lo rompe.

Y en las ventas no es diferente. El primer encuentro, sea que se trate de una introducción, en la calle o en un ascensor, una llamada en frío o una cita concertada, los primeros segundos son el momento que decide todo.

Esta es la pequeña capsula de tiempo en la que tu blanco te mide y decide si puede confiar en ti.

¿Dejaste tu actitud en la puerta de entrada?

No te engañes, tu prospecto sabe cuándo tuviste una pelea con tu esposa o la compañía de tu tarjeta de crédito te llamó acerca del retraso en un pago, así que pon tu cara exitosa de felicidad mucho antes de que toques a su puerta.

¿Tienes un apretón de manos firme? ¿Una buena apariencia? ¿Qué comiste en el almuerzo? ¿Fumas? (Esa es una grave, las mentas no remueven el olor de tu ropa y los blancos casi siempre se dan cuenta cuando dejas un gran escupitajo verde por la tos en su papelera)

Estas acciones, vistas y olores quedan fijadas en los bancos de memoria de tus blancos a segundos del primer encuentro.

Recientemente leí un artículo y seguí la discusión en el blog de un supuesto experto en ventas que decía que tanto clientes como vendedores están nerviosos e incómodos cuando se ven por primera vez.

Obviamente no tienen ni idea de lo que es capaz de hacer un bien arreglado, entrenado y exitoso profesional de las ventas con una presentación de quince segundos bien pulida.

Quizás deberían salirse del blog e ir a las calles.

Es como cuando una persona está conociendo un perro enorme por primera vez y los expertos en psicología están intentando descubrir quien está más nervioso, si el hombre o el animal. Siempre le dicen al perro.

Ventas Profesionales Exitosas no es algo que pueda ser comprendido viendo desde afuera. Vender es una forma de arte, una disciplina no tan distinta de las artes marciales, que requiere dedicación y practica para volverse competente y finalmente exitoso.

Un experto en desarmar bombas que se formó leyendo sobre como desarmarlas, pero nunca ha sentido su corazón latir en la punta de sus dedos mientras las tijeras cortan el cable no es un experto.

Confíen en mi cuando les digo que tengo más de 50 años de sudor, lágrimas y lecciones aprendidas y aún siento la emoción latir cuando conozco a un cliente por primera vez.

Y entonces para el cierre es pura alegría cuando el bolígrafo toca el papel. Pero para los profesionales de las ventas no es incómodo ¡Es increíble!

Sé un verdadero profesional de las ventas, disciplinado, dedicado, honesto seguro y disfruta cada llamada y cada oportunidad de venta como si fuera la primera cita.

¡Esfuérzate para despejar el camino para ese emocionante primer beso!

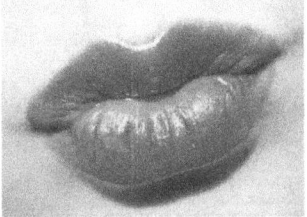

Brujas y mentirosos

El granjero le dijo al policía, "solo le estaba ayudando a cruzar la cerca"

¡Por suerte para él las ovejas no hablan, y mienten cuando lo hacen!

Si solo Freud estuviera vivo hoy se pasaría un mes con esa. Nosotros, sin embargo, podemos cubrir este tema en solo unas pocas páginas. No, no vamos a entrar en una discusión sobre los amores de verano sino en una sobre la honestidad.

Es bastante simple, di la verdad, todo el tiempo.

Decir la verdad incluso cuando es impopular y cuando pierdes el trato por eso.

Siempre justifica la verdad mientras te vas sin conseguir el trato y puede que te ganes de nuevo ese trato más adelante. Entonces evita decir "Te lo dije." (Sé que es difícil)

Sé que suena extraño, pero cuando hablas con franqueza y de manera genuina ¿O era háblale genuinamente a Frank? Me perdí.

Ah sí, cuando estas en una conversación a dos vías y le preguntas al cliente si quiere la verdad o que le lamas el culo, usualmente optará por la verdad. Si quiere las mentiras, bueno esa es tu decisión.

En fin, hay pocas cosas más satisfactorias que estar en una llamada con un cliente y que te digan que el otro sujeto les mintió y no pudieron cumplir lo que les prometieron.

Eso mismo me ocurrió la otra mañana y pude agregar algunos puntos de castigo a la comisión del trato que cerré. Sin ninguna queja de su parte debo añadir.

No hablo de retrasar la fecha de entrega a los límites de lo posible porque una vez que el trato está firmado hay un área gris que no controlamos.

Me refiero por supuesto a que si sabes que se te acabó el paquete azul y sabes que van a enviar en su lugar el paquete rojo, es mejor confesar cuando el papel está firmado. No intentes volver a venderle al cliente una vez que un almacén lleno de los rojos llegué al muelle de carga.

El problema aquí no es que el cliente no pueda usar el paquete rojo, es que no le dijiste con antelación que el rojo venía incluso cuando sabías muy bien que no había nada del azul. El mayor problema es que él puede pensar que tu o tu empresa son incompetentes.

Y el mayor problema es que cuando pasa más de una vez, tú y tu compañía son definitivamente muy incompetentes.

Espero que no lo hicieras por email. ¿Qué? Oh ¿En su correo eliminado? Ok.

No decir toda la verdad desde el principio te llevará a que el cliente te diga que tu compañía le sigue fastidiando así que se van a ir con la competencia.

Nota sobre las ganancias – Cada vez que tengas una gran orden tómala. ¿Por qué preguntas? Adelante, pregunta. Ok, te diré por qué.

Porque en caso de tu cliente decida no demandar, oh, espera, incompetencia enorme equivocada.

Es porque si tu cliente pasó por alto las entregas anteriores que llegaban consistentemente tarde o con el color equivocado del producto, corres el riesgo de que tu competencia se gane una, se lleve la cuenta, y entonces no vas a hacer más dinero en el futuro de ese cliente.

Aunque no lo creas, no eres el único que es muy consciente de que el azul vende más que el rojo.

De hecho, mientras tú estabas llenando las estanterías de tu cliente con el único paquete que tenías en inventario, tu competencia estaba ocupada con su recién desarrollado Think Tank creando la tendencia más moderna.

Al reunir a un grupo de cien personas en edades entre seis y sesenta años, luego de dos pruebas a ciegas, descubrieron que los consumidores comprarán un producto de paquete híbrido azul y rojo a un ritmo alarmante.

Lo que esto significa para ti es que cuando finalmente tengas la mercancía de paquete azul en inventario y vayas felizmente a tu venta segura, ya sabes, ese cliente que siempre compra el azul. Entonces te van a dar una patada en los dientes.

Te entregan el más reciente producto superventas con el paquete en espiral azul y rojo de tu competencia. La misma marca con la que tu ex mejor cliente acaba de firmar una orden a largo plazo, que les llenará el almacén hasta que reviente y que ya no te necesita.

¿Sorprendido?

No deberías.

Los dólares que te ganas hoy son la única garantía.

Si en cualquier momento tienes la oportunidad de cerrar la venta, tira la puerta y toma una orden tan grande como sea posible previniendo que tu competencia descubra cualquier espacio en los estantes para una orden "de prueba." Esto aplica para todo producto o servicio que vendas.

Después de todo tienes un producto difícil de obtener y al borde de la extinción que finalmente está en inventario y es tu responsabilidad enterrarlo en él.

¿Por qué?

Porque puedes, es un artículo difícil de obtener. Haz una práctica habitual el siempre sacar lo más que puedas de cada situación, el precio más alto, más referencias y lo más importante, siempre di la verdad.

Plan B – Después del desastre de perder a un gran cliente, no todo está perdido. A pesar de que perdiste un gran trato necesitas sacudírtelo e ir a convertir a todos tus clientes pequeños en tratos más grandes.

Tu competencia no puede llegar a todos así que necesitas encontrar a todos los clientes disponibles y venderles en cantidades masivas. ¡Ahora!

Si mencionan el nuevo producto en espiral del que han estado oyendo, tú simplemente diles que tu compañía se está posicionando para proveer el producto "probado". Los azules siempre han volado de tus estantes y tú le sugieres que se cargue ahora en grande mientras aún hay inventario disponible.

Tú debes o ir a la ofensiva o practicar la pregunta "¿Quiere papas fritas con su orden?"

"Señor cliente, el paquete azul es muy difícil de obtener. Pero eso ya lo sabe porque la última vez el rojo sustituyó su última orden. En mi opinión, debería tomar ventaja de la cantidad que hay disponible en inventario ahora antes de que se agote ¡De nuevo!"

Bam, una gran venta antes de que la competencia entre con su nuevo producto en espiral. El cliente obtiene lo que quiere y tú lo tuyo. Un détente, con un giro de una comisión allí mismo.

Ok, este fue un gran ejemplo si se me permite decirlo, y lo hago, pero tengo más papel blanco así que vamos con un ejemplo más.

Estoy seguro, a menos que hayas vivido en un cuento de hadas y nunca te hayan mentido, que estarás de acuerdo con el resto de nosotros el mundo civilizado en que todos odiamos que nos mientan. Tan antiguo como el tiempo atestigua, esta ha sido una declaración verdadera.

Para este ejemplo solo necesito ir hacia atrás en el tiempo hasta 1692 y el lugar es Salem Massachusetts. Por supuesto que sabes a donde voy, a los Juicios por Brujería de Salem.

Elijo a esos odiosos individuos porque ejemplifican los únicos dos resultados posibles de ser una bruja o ser un vendedor al que descubren mintiendo.

Clarifiquemos dos hechos importantes.

Puedes ser gordo pero perder peso. Puedes ser tartamudo pero recibir terapia de lenguaje. Puedes quedarte calvo pero comprar un sombrero.

Pero una vez eres un mentiroso, siempre serás un mentiroso.

Cuando era un niño, mi mamá me metió eso en la cabeza y un día todo tuvo sentido y por supuesto, tú sabes la razón así que no entremos en los detalles cruentos.

Lo siguiente son las características negativas de arriba acerca de personas que pueden ser explicadas o incluso convertidas en algo positivo.

Él es el tipo gordo con la barba. No, él perdió un montón de peso y luce genial.

Ese tipo era muy difícil de entender cuando hablaba con ese tartamudeo. No, fue a donde un terapista y ahora canta todo lo que quiere decir y es bastante divertido hablar con él.

Ese vendedor se quedó calvo tan joven. No me di cuenta, llevaba puesto un sombrero genial.

Y ahora, el que no puedes defender.

Si, solía tratar con él pero me mintió y salimos jodidos.

¿Oh, no puedes confiar en él? Que pedazo de mierda inútil. No recurriré a él tampoco. Gracias por la advertencia.

¿Que otro resultado podría haber? Él ya no miente más.
Me dijo que dejó de mentir.

Bueno, él solo mintió porque este producto era inferior.

¿Qué esperabas? Es un vendedor. (Personalmente odio esta)

Escucha lo que te digo con mis más de 50 años tocando puertas y cientos de representantes de ventas conmigo y para mí, nada funciona, una vez eres un mentiroso siempre lo serás.

Ok, ya que hemos establecido nuestros hechos, vamos a intentar el siguiente experimento. Para nuestros planes, vamos a tomar esta temible palabra de hoy en día, Mentiroso, y sustituyámosla con la igualmente temida palabra de los años 1600, Bruja.

En los 1600, si eras acusada de ser bruja, te llevaban a juicio y el juicio era simplemente que te preguntaban si eras una bruja.

Si decías que si te quemaban en la hoguera.

Si decías que no, considerando que eras una mentirosa, te amarraban las manos y pies y te lanzaban del puente del pueblo a los furiosos rápidos del río y las piedras debajo. Si sobrevivías tras ser arrastrada y golpeada por una hora en el agua helada te llevaban de vuelta a la corte y te preguntaban de nuevo si eras bruja.

¿Por qué?

Es porque todos saben que las brujas mienten, es por eso.

Y ya que no creen en tu inocencia incluso después de sobrevivir la tortuosa carga de la prueba, te arrastraban fuera y se preparaban para lanzarte del puente una vez más, solo para asegurarse.

Usualmente, en este momento, sabiendo que seguramente te vas a ahogar y morir, en tu debilitado estado aceptabas de qué eras una bruja y rogabas por misericordia.

Y entonces te quemaban en la hoguera.
¿Puede alguien en la clase explicarme cual es la ventaja aquí?
No, porque una vez eres una bruja siempre serás una bruja y una vez eres un mentiroso siempre serás un mentiroso. Y aquellos que están seguros de que estas mintiendo, o que eres una bruja, no se detendrán hasta que lo hayan probado.

¿Cuál es la moraleja de esta historia?

Gánate la vida honestamente, lleva tu cabeza en alto y duerme razonablemente bien por la noche, siempre que mañana no sea el último día del mes.

Punto clarificado, seguimos adelante.

Interpretación

Empecemos con una pregunta simple. ¿Cuántos espacios hay entre los dedos de tus pies? Ey, ponte las medias de nuevo, eso es trampa.

No importa a quien le pregunte, de los cinco a los cincuenta años raramente recibí la misma respuesta.

Por favor tengan en cuenta que no dije la respuesta correcta porque basado en la interpretación de cada individuo todas las respuestas son correctas.

¿Hay cuatro?

Tú dices que seis porque los espacios de la parte de afuera cuentan. Y otro más dice que ocho porque después de todo tiene dos pies.

Entonces está el grupo de los nueve o diez, culminando con la siempre popular Familia Adams con su favorito dos, diez, once.

¿Qué significa esto, además del obvio hecho de que el mejor truco del Tío Fester era aquel de hacer encender un bombillo en su boca?

Significa que si preguntas algo que no tiene necesariamente una respuesta definitiva, tendrás multitud de respuestas, las que por cierto, estarán todas correctas.

¿Es esto algo malo?

Depende de si estas tratando de conseguir un acuerdo y cerrar un punto en particular o de si estás pescando y necesitas elegir una dirección en la que ir.

Las preguntas deberían siempre recibir respuestas que te ayuden a continuar vendiendo y a ganar el compromiso con la meta final, el cierre.

En cualquier caso, todas las preguntas son nada más que tu segunda herramienta más valiosa.

¿Puede alguien en la clase decirme cual es el arma más valiosa en tu arsenal de ventas?

Si, tú el del pijama a cuadros. ¿Tu Glock?

Bueno, quizás, pero solo si estás vendiendo madera contrachapada en Baltimore o Ferguson.

Escuchar es tu herramienta más valiosa y en la respuesta a toda pregunta debes escuchar pequeñas pistas y piezas de la siguiente pregunta y ultimadamente el camino para llevar a tu cliente a través del sinuoso camino y a firmar en la línea de puntos.

Las preguntas o interrogatorios, para aquellos de ustedes en traje, están diseñadas para recibir respuestas.

Un vendedor exitoso y me refiero a uno realmente exitoso, sabe que después de hacer una pregunta se debe quedar callado y escuchar con cuidado la respuestas.

¿Pero escucho? Lo hago, a veces.

Pero en serio ¿Por qué molestarse en hacer una pregunta si no uso las armas que me da la respuesta? Y aquí tenemos una de las más importantes reglas no solo en las ventas sino en la vida.

¡Pregunta y luego escucha!

Entrénate para escuchar las respuestas a las preguntas que haces y solo entonces podrás escuchar el sonido de tu cuenta de banco haciendo ¡Cha Ching!

Entusiasmo

Vendes papel sanitario.

Tu amas por completo tu producto, es el mejor en el mercado, se vende bien, pone comida en la mesa y hace que tu vida sea completa.

Después de años de vender cualquier mierda de inferior calidad que te llegaba, finalmente encontrarte un producto que te ha puesto en el camino del éxito.

Estas completamente mentalizado para ir al trabajo cada día y difundir la palabra acerca de tu producto perfecto ¡Pero recuerda!

Solo porque estés locamente entusiasmado con tu producto y tengas una tremendamente optimista presentación que ejemplifica la superioridad de tu marca, precio y beneficios financieros para el cliente, no significa que tu cliente vaya a comprar 100 cajas de papel sanitario y luego vaya a salir corriendo a tatuarse Carmin en el trasero.

Después de todo solo es papel sanitario.

El entusiasmo con moderación es la clave aquí. Si bien tu cliente se va a sentir indudablemente feliz por ti porque tu vida es genial, debes ser sensible a un hecho muy importante.

Si bien tu papel sanitario lo va a dejar con el trasero limpio y oliendo fresco, hay una buena oportunidad de que su vida siga apestando luego de que te marches. Así que no te excedas.

Motivación

Para esta sección voy a parafrasear una historia que recientemente me contaron y que realmente lo dice todo. Estaba sentado en un banco en el parque cerca de un indigente y empecé una conversación preguntándole como había terminado durmiendo en la calle.

Me dijo, "hasta la semana pasada lo tenía todo. Siempre había mucho que comer y mi ropa estaba limpia y planchada. Con un techo sobre mi cabeza, tenía un TV, Internet, e iba al gimnasio y a la piscina cada día para mantenerme en forma.

Entonces, alrededor de las 11 cada mañana, me encontrarías trabajando en mi MBA online en la librería. Tenía la vida perfecta sin facturas, sin deudas e incluso con seguro médico completo. Un día me desperté y como si nada, se había acabado."

Sentí pena por el tipo perdiendo todo lo que tenía y le pregunté, "¿Qué pasó? ¿Fueron las drogas, el alcohol, un divorcio?"

"Oh no, nada de eso," dijo. "Salí de prisión."

Un hecho simple gente, si están acostumbrados a recibirlo de gratis como tantos otros, no importa como lo obtuvieron, ellos probablemente nunca tendrán la motivación de trabajar por ello o de pagarlo. Una vez dicho esto, necesitas ser muy selectivo al elegir a tus clientes ya que solo hay unas cuantas horas para vender en un día.

No pierdas el tiempo en personas que está garantizado que no van a comprar.

Desde el principio, has las preguntas correctas y determina si este es un prospecto de calidad frente a ti y si no, sigue adelante y busca pastos más verdes. Recuerda, no puedes venderle una malteada a una piedra.

Si, se me están agotando las metáforas, pero ya estoy listo con este tema así que solo acepta eso de la malteada y no nos quedemos aquí más tiempo.

Perspectiva

Cualquiera puede ver a una situación e imaginar un escenario diferente, un enfoque o resultado distinto.

Toma por ejemplo eso de la malteada. Si, ya sé que habíamos dejado eso atrás, pero encaja con este tema así que síganme la corriente por una línea o dos.

Una persona puede mirar la malteada derramada encima de la roca y pensar que es un desperdicio de buena comida con todas las personas hambrientas en el mundo.

Otra persona puede reflexionar sobre el hecho de que la malteada es parte del ciclo del medio ambiente y va a alimentar a los pequeños animales que habitan el área.

Yo diría que algún cerdo derramó sus mierdas sobre esa piedra y no se molestó en limpiarlo.

Cualquiera que sea tu mentalidad, siempre debes recordar que hay una gran variedad de opiniones para cada situación y ya que no puedes saber lo que piensa tus clientes ¿Por qué no preguntarles?

El ejemplo perfecto de perspectiva que me fue impartido hace tanto tiempo y que ahora te entrego a ti.

El hundimiento del Titanic fue una terrible tragedia para todos los que iban a bordo.

¡Excepto para las tres langostas en el tanque de peces de la cocina!

¿Qué es lo que vendes?

Sí, todos hemos pasado por allí, tres cuartas partes listas de tu presentación cuando el blanco te mira y dice "¿Qué otra cosa vendes?"

Para el momento en que terminas de llamar a este tipo imbécil el elevador suena y te lleva de vuelta al lobby. Soy tan culpable de esto como cualquier sujeto y resulta que tú eres ese cualquier sujeto.

Hemos estado vendiendo y cerrando por tanto tiempo que olvidamos que incluso el más titulado cliente tiene otras cosas en la cabeza además de darnos su completa atención desde el principio. Lo sé ¿Qué idiota, cierto?

Debería estar feliz de que estas allí ofreciéndole la oportunidad de hacer el siguiente pago del BMW que te acabas de comprar. Pero por alguna no estaba consciente o preparado para asumir su rol en el proceso de venta, ese de comprador robótico.

¿Podríamos nosotros, los representantes de ventas, probablemente compartir parte de la responsabilidad en esta falta de comunicación? Bueno, supongo que podríamos comernos un poco de eso. Especialmente si estas ordenando el Desayuno Todo el Día ya que los ingredientes solo dicen "Carne".

Pero ya hemos hecho esta presentación de ventas mil veces antes y al menos dos veces a este mismo cliente. ¿Qué en su vida pudo ser lo suficientemente importante para hacerle olvidar eso?

Y aquí estas tú asumiendo que lo que tú haces, la primera prioridad de cada uno de tus días laborales, es también la primera prioridad de cada uno de sus días laborales. ¿Estamos de vuelta en eso de nunca asumir y hacer preguntas, cierto?

Es gracioso como con frecuencia terminamos de vuelta a ese primer paso básico, pero nos lo echamos encima nosotros mismos.

Vender es simplemente un juego de repetición y números, pero no puedes esperar que tu blanco tome nota por ti.

Si tan solo recibiera cinco centavos por cada vez que escucho a uno de mis vendedores decirle a un cliente "Como recordará de nuestra última conversación," hombre, como odio eso.

¡Si recordara su última conversación ya habrías cerrado la venta la vez anterior!

Y además de eso, ¿Cómo sabes que nada con respecto a sus deseos y necesidades ha cambiado desde su última conversación?
Por todo lo que sabes, él podría haberse vuelto vegetariano la semana pasada ¡Y tú vendes carne!

Así que no comiences donde lo dejaste la última vez.

Se profesional cada vez y empieza con las preguntas que les alientan a decirte que es lo que están buscando.

Pregunta, no asumas e incrementa tu número de Cha Ching

Cuando Asumimos

Cada día por muchos años he caminado del metro a mi territorio de ventas en el Bajo Manhattan.

A lo largo de esa caminata de tres manzanas había una cantidad de tiendas al por menor y edificios de oficinas. Además de dos restaurantes, un lugar de pizzas y un sitio de hamburguesas, un gran banco comercial y una increíble tienda de relojes.

Y el que más destacaba era esa genial tienda de relojes. Había relojes cucú en el muro, relojes modernos que colgaban del techo y un genial reloj de pie justo en medio de todos. Con frecuencia deseaba que hubiera un cuarto en mi apartamento para ese reloj de pie, pero vivir en la ciudad significa minimizar.

En fin, una noche en mi camino de regreso del trabajo al metro, me di cuenta que mi reloj se había parado. Figurándome que la batería murió, entré en la tienda de relojes para que la reemplazaran.

En el mostrador estaba un hombre bajito y mayor con una sonrisa agradable y le pregunté "¿Puede poner una batería en mi reloj mientras espero?"

Él me dijo, "No, no arreglo relojes. Soy un rabino y hago circuncisiones en el cuarto de atrás."

Impactado por su respuesta le pregunté "¿Si no arreglan relojes entonces por qué tienen todos esos relojes en la vitrina?"

Él me dijo "Ok tipo listo. Sabes lo que hago, así que dime ¿Qué debería colgar en mi vitrina?"

No asumas. Basta de charla.

Y yo no entiendo

¿Por qué la gente con el acento extranjero más marcado y el menor manejo del español se convierten en recepcionistas y representantes de atención al cliente?

¿Por qué la gente le escribe largas cartas directamente en una página en un programa de email? ¿Y por qué las envían primero? Qué tal si las escriben en un programa como Word, las dejan perfectas y luego las copian y pegan en el email.

Quizás un poco de planificación es necesaria antes de que accidentalmente envíes una mierda de carta con errores mientras recoges esa miga de muffin de maíz del teclado.

Mierda ¿Acabo de enviar eso?

En serio, mi opinión, que ya sé que solo vale el precio de este libro, es que la tecnología necesita pasar por ingeniería inversa para mantenerla simple.

Por ejemplo, ¿Podría alguien decirme por qué apagamos el GPS justo antes de llegar a nuestro destino?

Vamos, tú lo haces, todos lo hacemos. Estás a un kilómetro y medio de distancia así que lo apagas, y 800 metros luego llegas a una rotonda. Ya sabes, del tipo que tiene once salidas y que le faltan varias señales de tráfico.

Y por supuesto, estando tan cerca de tu destino, ya no prestas atención porque Carlos Santana está haciendo lo suyo en la radio y tu teléfono está sonando y también te entró un mensaje de texto. Lo siguiente que ves es una señal indicando que la próxima salida está a sesenta y nueve kilómetros.

La tecnología es genial pero adormece nuestros sentidos y crea una dependencia que apaga parte del cerebro.

¿Y por qué la gente escribe emails parciales para empezar? Sí, estoy de vuelta con eso, pero si un email requiere una continuación para explicar el primero, veo un problema en ello.

Cuando muera voy a hacer que mi abogado mande el siguiente email masivo. "A toda mi familia y amigos, dejé un millón de dólares de"

Miren equipo de ventas, este es el punto. Si te olvidas del uno a uno personal, la comunicación cara a cada, entonces te sometes a ti mismo a la decepción por email.

Estoy seguro que estarás de acuerdo en que es mucho más fácil decir que no por teléfono, en un texto o por email que en persona.

En persona necesitan mirarte a los ojos, decir que no, y entonces responder preguntas que justifiquen su decisión. Creando por lo tanto oportunidades para volver a vender y cerrar el negocio.

Esos cara a cara dicen No confrontar. Son momentos muy tensos en verdad y cada cliente potencial intenta evitarlos.

Para que tu blanco se deshaga de ti, un email es simplemente un clic para decir "No estoy interesado". Ok ¿Dónde puse esa dona de mermelada?

De hecho, en este momento mientras escribo este libro tengo un cliente que me rechazó por email. Lo llamé, le envíe un email, le mandé un fax e incluso le escribí por correo normal varias veces porque me di cuenta de lo ocupado que estaba.

Recientemente incluso dejé un mensaje con el tipo que está en la oficina al lado de la suya. Le dije al tipo de la oficina de al lado que el buzón de correo de mi blanco estaba lleno y que necesitaba que me llamará acerca de su solicitud.

¿Esto es actualmente correcto?

Por supuesto que no.

¿Funcionó?

No.

Darte cuenta que nadie está tan ocupado y sabiendo muy bien que, de hecho, él había recibido al menos uno de mis intentos de llegar a él, reclasifiqué a este cliente en particular como un maldito cabrón, pero todavía no había hecho el esfuerzo de ponerme frente a él cara a cara.

Ahora, perdí a este cliente ante una solución inferior no porque era más barata, sino porque alguien fue allí y puso un bolígrafo en su mano. Esto fue culpa de un mal manejo del tiempo de mi parte combinado con darle crédito al cliente por saber que teníamos un mejor producto.

Recordemos que el cliente no se va a vender a si mismo ¡Y yo estaba tan ocupado haciendo cualquier otra cosa que esperaba que él hiciera justo eso!

Incluso con todos mis éxitos, todos sabemos que esta comisión perdida fue 100% mi culpa y que este trato se cayó porque no me di cuenta de mis errores hasta una firma (del contrato de la competencia) más tarde. Yo le insisto a mi equipo que se aleje del email, el teléfono y que bajo ningún concepto le manden mensajes de texto a clientes. (Un texto ni siquiera deja un rastro de papel como el fax o el email) Les instruyo que revisen la "lista caliente" cada día para que no se les pase nadie, que sean persistentes pero no un fastidio y que siempre intenten ponerse cara a cara con quien toma las decisiones.

¡En este caso debí seguir mi propio consejo!

Tú y yo debemos tomarnos el tiempo para reevaluar nuestra lista de blancos frecuentemente y calificarla de calientes a fríos, organizar de antemano nuestro horario, tener un plan B y pedir la orden cada vez.

Así es como los profesionales incrementamos nuestros ingresos.

Y dejemos los mensajes de texto para las niñas de catorce años.

Rompo mis pantalones

Cuando eres un niño gordo aprendes como las cosas de la vida siempre están cambiando.

Verás, allá por los años 1950 y 1960, mucho antes de que me volviera un hombre gordo, era un niño gordo.

Allá en los tiempos de la televisión en blanco y negro, hamburguesas y malteadas (parte del problema) y esas noches de cheesecake de cereza con doble mocha y chocolate tamaño gigante.

(Disculpa un momento, acabo de babear encima de mi teclado, aquí está una servilleta qwervgjdli efdupdedf g0d;plo 8r6fvgsbndxc todo arreglado, ahora, donde íbamos, ah sí) y bebiendo agua de las mangueras de los patios, solo había un estilo de pantalones disponible en las tres tiendas que los vendían.

No importaba si eran chinos, dungarees (los jeans de hoy en día) o el inevitable par de "pantalones de vestir" en tu closet, todos tenían el mismo corte en la misma forma.

Un corte con la cintura alta, entrepierna larga y trasero plano. Eran demasiado largos para cualquiera excepto Lou Alcindor, ah sí, Kareem Abdul Jabbar para la mayoría de ustedes. Él era el único que no tenía que enrollárselos abajo.

Bueno, supongo que entienden el punto de hace cuánto tiempo fue ésto y ćuan largos eran los pantalones.

En fin, los fabricantes sabían muy bien que nosotros los humanos venimos en todas las formas y tamaños, pero la sabiduría convencional entonces era que todo el mundo apretujaría, estrujaría, deslizaría o acariciaría su trasero dentro de estos jeans de forma genérica. Y estaban en lo cierto.

Para cerrar el círculo aquí, mi culo gordo era un cruce entre el método de estrujar y apretujar y después de llevarlos puestos un tiempo más un gentil estimulo como una buena agachada o incluso un simple cruce de piernas sobre el asiento de la bicicleta, seguía usualmente un pronunciado sonido de desgarramiento.

Y de repente yo era un Dios Griego. Tú desgarras esto, yo arreglo esto. (Lo siento, es una vieja broma que me dijo el Dr. Dave. Algunas cosas se quedan contigo.)

Ahora, no es que más tarde en la vida a mi esposa fuera infeliz por mi talento para la costura, después de todo al día de hoy, cuando ella necesita una reparación rápida de un dobladillo, soy el tipo al que tiene que llamar.

Sin embargo, tantas veces como he tratado de explicar mi habilidad para la costura, a ella no le importa el por qué o el cómo se hace y se va sabiendo que el trabajo va a ser, como todo lo demás que yo hacía, bien hecho.

¿Qué quieres decir con que no todo? Se llama licencia poética y me la estoy tomando.

Sabiendo que te importa y/o que estas atrapado en este tema hasta el próximo capítulo, voy a ser cortes y breve incluso después de tu cuestionable comentario.

No, en serio puedo hacerlo.

Enfrentemos la realidad. Hay aquellos que aceptarán prácticamente lo que sea si consigue hacer el trabajo y aquellos que solo aceptan lo que mejor les ajuste. Entonces en los días la televisión en blanco y negro, el simplemente tener un televisor representaba que eras moderno y que querías lo mejor.
Pero en el mundo de hoy día de Google y Amazon, de tengo que tenerlo ya, simplemente tenerlo ya no te hace especial.
Simplemente ordenar algo porque es lo suficientemente bueno es

para los que piensan en pequeño. Es como pensar en un cubo lleno de hielo para tu cerveza en un día caliente.

En un abrir y cerrar de ojos, unos cuarenta años después, la solución del cubo de hielo pasó de ser lo mejor desde, bueno, los cubos de hielo, a no ser gran cosa y solo hace el trabajo hasta que se derrite.

Lo mejor, hoy, hasta este minuto, es una varilla de coctel con nitrógeno que enfría instantáneamente tu bebida a la temperatura perfecta. Solo está disponible con su fabricante en Finlandia. Distribuida a través de tu compañía a un precio ridículamente alto, y debo decir, déjame acercarme un poco, hay un suministro seriamente pequeño ¡Pero tengo algunas en inventario!
Así se plantea el reto. ¿Va tu cliente a gastar un montón de dinero para tener un póquer congelado propio? ¿O él es del tipo de sujeto para el que el hielo está bien porque siempre ha estado bien?

Darte cuenta de esto y poder vender el producto apropiado es como un vendedor hace su dinero. Mejorar al tipo que quiere el cubo de hielo de 3 dólares a la varilla de coctel enfriadora de 29.95 dólares es donde los grandes vendedores hacen todavía más dinero.

Hacer que el tipo al que convertiste a la tecnología moderna de hoy en día que le diga a todos sus amigos y que tú obtengas las referencias, nombres y números es donde el vendedor asombroso hace montones de dinero.

¿Quieres ser asombroso?

Por supuesto que quieres, que pregunta tan estúpida. Ok, entonces mistifica y asombra a tus prospectos con una historia, si, puedes usar la mía, viene dentro del libro.

Tienes que tener una conversación que explique la evolución de tu producto, que aumente no solo su conocimiento del tema sino que aumente su deseo de ser parte de él.

Si están conduciendo un Tesla, de inmediato lucen como un ganador para venderle las varillas congeladoras, pero si están detrás del volante de un Escarabajo del 73 con cinta adhesiva en el techo convertible, parece que es un cubo de hielo para llevar.

¿Pero cómo lo sabes? Quizás el VW era de su padre y lo conduce una vez al mes mientras que el nuevo BMW eléctrico está recargando en el garaje.

Cuidado, no prejuzgues o te costará una venta. ¿Por qué no preguntarles si quieren ordenar el más costoso primero a ver si pican? En el peor de los casos vendes un cubo de hielo y sigues adelante.

En el mejor de los casos, pruebas que vender es un juego de números y entre más pidas por el gran trato, y menos prejuzgues más Cha Ching a través de tu vida. Y esa es la meta aquí, más Cha Ching ¿Cierto?

Al cerrar este capítulo ¿Ves? Yo dije que podía ser breve. Vamos a recordar, yo incluido, que hay que callarse cada vez que les pidas hacer la orden para que puedas escucharle queriendo comprar.

Finalmente (sin aplausos) aquí hay una pequeña historia sobre prejuzgar.

Una mujer pingüino estaba en el taller esperando a que repararan su carro.

Ella se sentó pacientemente en la sala de espera metiendo su pico en una taza de delicioso helado de vainilla que el encargado de atención le invitó mientras esperaba.

El mecánico caminó hacia ella y le dijo, "Señorita Pingüino", parece que rompió un sello.

"No," dijo ella. "¡Me comí un helado!"

Y allí lo tienen, pruebas de que las preguntas derrotan a las afirmaciones y rara vez prejuzgar te lleva a hacer una venta.

Oye, se nos acabó el café

No puede ser, compré una libra la semana pasada. Espera un minuto, esto no es una libra. En la etiqueta se lee que son once punto cuatro tercios de una libra de café. El precio es el mismo, así que ¿Dónde se fue el resto de mi libra de café?

Y este pensamiento al azar fue traído a ustedes gracias a Southwest Airlines, que me acaban de dar una bolsa con diecinueve cacahuetes dentro.

Si, derrámalos en tu mano y allí están, el contenido completo de la bolsa ahora cabe en la más pequeña de las manos. Y espera un momento, todos son solo medio cacahuete lo que quiere decir que solo habían 9.5 cacahuetes en la bolsa.

A diferencia de mí, que estoy completamente loco, pero en serio, no hay ni un solo cacahuete completo en la bolsa.

¿Qué? ¿Qué quiere decir con que son gratis? Pagué 298 dólares por este boleto de ida a Nueva York y un vuelo hasta Bangladesh, si alguna vez decidiera ir allí, era solo 319 dólares.

Lo cual me lleva a preguntar ¿Cuál es el verdadero valor de un boleto de avión y cuanto afecta esta pequeña bolsa de cacahuetes ese precio? Sí, no puedo imaginármelo tampoco pero volvamos al punto aquí.

Claro que hay un punto, es solo que no se me ha ocurrido cual es. Espera, ya lo tengo.

A menos que tengas a una audiencia cautiva o que seas un hipnotista y puedas hacer que tu blanco compre de ti sin importar las circunstancias, necesitas razones y justificación para esas razones para que él compre, independientemente del precio o costo de tu producto. En especial si hay competencia más barata allí fuera y casi siempre la hay.

¿Saben? Creo que quiero hacer una prueba.

Te estás quedando dormido y no es por estar leyendo este libro. De hecho estas disfrutando la lectura tanto que ahora vas a ir a Amazon y a ordenar diez copias más de este libro para tus amigos vendedores. Adelante, te espero.

¿Funcionó? Hummm, no creí que lo hiciera. Esto prueba que la hipnosis no es una buena justificación.

¡Oh, lo siento! SNAP. Justo aquí y ahora, hemos identificado una de las más importantes piedras angulares de vender sobre la que debes mejorar constantemente. Tienes que darle a tu blanco razones para comprar, justo ahora.

Recordemos que mucha gente nunca rompe sus pantalones y que van a tener cautela con los cambios porque no los han experimentado. Solo porque estén grandes y gordos ahora no significa que siempre fueron grandes y gordos. (Escribo mientras me como el mejor desayuno en el Restaurante Familiar The Town & Country en Rochester, NY. Christina y Nick realmente lo tienen.)

Además, la sociedad ha avanzado junto con el menú del dólar para hacerte pantalones que te encajen incluso si tienes la forma de una lágrima de 300 libras. Ahora, y si tu producto no ha cambiado desde nunca, mejor que descubras desde temprano en la conversación si tu blanco está buscando un cambio. La respuesta a esa pregunta te puede dar la habilidad de elegir una dirección con la que vender y cerrar.

Si tu producto es el mismo que siempre ha sido, entonces puedes usar la calidad probada por el tiempo y la confiabilidad que tu compañía ha exhibido desde que Pedro Picapiedra frenó el auto con sus pies.

O puedes usar algo que preciso, para hacer que tu blanco se abrace a lo que ofrece tu producto, que es tan aceptado hoy en día como siempre y que los grandes cambios nunca han sido necesarios.

"La tecnología es una cosa maravillosa, como el auto eléctrico que salva al mundo de los combustibles fósiles y limpia el aire, pero igual se queda sin energía cada 128 kilómetros, ugg, No se usted, pero en algunos casos es mejor quedarse con el original, como el olor del césped recién cortado, un auto que le lleve a usted a la casa de sus nietos a más de 160 kilómetros de distancia y nuestro producto que está aquí."

Y es por eso que aunque ofrecemos muchas nuevas soluciones, este producto sigue arriba del montón como nuestra bandera. Más que todo porque no requiere mayores cambios para hacer sus funciones, mejoras con la computadora o múltiples sesiones de entrenamiento (o lo que sea). ¿Ves a donde voy con esto?

 Usa cada pulgada del sinuoso camino para llegar al cierre mientras abres la discusión sobre nuevas soluciones que tienes disponibles.

Y cuando ofreces lo viejo y lo nuevo de tu línea de productos, necesitas tener las razones para seguir la pista de tus blancos y cerrar uno de tus productos contra el otro en ese momento, eliminando la necesidad de que él busque fuera a productos o servicios de la competencia. Usando todo el rango de tus productos apropiadamente, excluye totalmente cualquier consideración de los productos de la competencia.

Sin embargo, es importante que no confundas a tu blanco con demasiadas opciones. Esto podría retardar la venta y abrir la ventana para que otro vendedor tenga una cara a cara con él y cierre porque el cliente está cansado de buscar y el producto de la competencia es suficientemente bueno.

¡De nuevo! Aquí es donde entra lo de las preguntas y escuchar. A él no le importa toda tu línea de productos, sino sus necesidades y tú tienes que satisfacerlas justo aquí y ahora.

Sí, es más difícil sin la hipnosis, pero la tasa de éxito es alta cuando haces una presentación de manera profesional y convincente como un maestro de tu producto e industria.

Haz las preguntas, cállate y escucha, presenta el producto con preguntas adicionales, cállate y escucha, cierra, cállate y escucha, ejecuta el contrato, cállate y escucha, haz un sumario con la justificación, cállate y escucha, estrecha manos, cállate y sal por la puerta.

Te darás cuenta que el proceso de ventas efectivas es como tren local y que el éxito necesita muchas paradas.

Recuerda, si tomas el tren expreso vas a pasar de largo todas las oportunidades. La oportunidad de sacar a la competencia de la conversación y la oportunidad de minimizar los remordimientos de comprados, dándole al cliente la justificación que necesita para dormir bien y mandar de paseo a los contadores cuando cuestionen la compra de tus productos.

La importancia de hacer preguntas y luego mantener la boca cerrada es que el tener los oídos abiertos es la seña de un verdadero profesional.

Sí, es endemoniadamente difícil cuando haces una pregunta de la que conoces la respuesta, pero tienes que esperar a la respuesta del tipo que piensa antes de decir cada palabra, que tartamudea y que arrastra las palabras cuando no las tartamudea. Después de más de cincuenta años vendiendo, aún lucho con esto a diario.

Pero el silencio es oro. El tipo de oro que va a tus bolsillos cuando haces una pregunta y prestas atención a la respuesta, actúas en consecuencias y pides la orden.

Esta es mi parada. Ya deje claro mi punto así que me callaré ahora.

La mía me gusta brillante

Imagina que estas en la ciudad de Nueva York montado en el bus mirando a los grandes edificios que se eleven alrededor de ti.

Edificios de apartamentos, edificios de oficinas, almacenes, restaurantes y tiendas, fluyendo sin fin de compra en compra una tras otra.

No puedes dejar de preguntarte como ocurrió todo, y también que tan exitosos deben haberse convertido todos los espíritus emprendedores que han creado todo esto. Pero lo que de verdad te estas preguntando es ¿Cómo me convierto en una de estas historias de éxito hoy? Buena pregunta.

Vamos a tratar de imaginárnoslo juntos y empecemos a viajar hacia atrás en el tiempo a Ellis Island, el punto de entrada de América para tantos inmigrantes que llegaron entre 1892 y 1924. Cuando se bajaron de su último viaje en bote a los Estados Unidos fueron recibidos por una ciudad de Nueva York muy diferente a la que tu bus se encuentra dejando pasajeros un siglo más tarde.

Dónde está esa zapatería había un bosque y junto al Starbucks, eso era un pantano. Mientras tu bus recorre la ruta de lo que hoy es la 2nd Avenida de Manhattan, no había más que un camino de tierra lo suficientemente ancho para que pasaran vagonetas. (Pero creo que el hueco que acabas de golpear es de los originales)

En fin, ya que la mayoría de los recién llegados viajaron juntos, naturalmente se establecieron juntos, por eso está el Harlem Hispano, Chinatown, La Pequeña Italia, etc.

Uno de esos recién llegados, al que llamaremos Geppetto, vino de un pequeño pueblo en Italia y se ganaba la vida como un artesano de la madera. Ya que tenía siete hermanos que también se llamaban Geppetto que llegaron con él, para su nueva vida en un nuevo país, usaba su apodo, Tosh. Sus siete hermanos usaban su apellido, Santini, y se volvieron famosos por derecho propio.

Pero de vuelta a nuestra historia, otro tipo que vivía en el vecindario al final de la calle, llamado Andrezej, era originalmente de los huertos de manzanas en las colinas del sur de Polonia y en casa le decían Mackie.

Como ambos acababan de llegar y la mayoría de los trabajos disponibles eras reservados para amigos y familiares de aquellos que llegaron primero, conseguir un trabajo en el mejor de los casosera muy difícil.

Ninguno de estos dos tipos tenía contactos, dinero o promesas, así que salieron a caminar por las calles buscando oportunidades. (No, Obama no estaba allí para darles todo)

Entonces ocurrió. Estos dos extraños, sentados en el césped bajo un árbol de manzanas empezaron a hablar. Así es como una gran idea de negocios cobró vida.

Andrezej dijo que solía cultivar manzanas y que si tuviera una manera de transportarlas, recogería manzanas de ese árbol allí mismo y las vendería en la esquina de su calle.

Después de todo había muchos trabajadores hambrientos construyendo caminos, apartamentos y poniendo las farolas de la calle y cosas así para ser sus clientes. Entonces dijo que pronto compraría un huerto al norte y entraría en grande en el negocio de las manzanas. Esta era su idea del sueño americano.

Geppetto dijo que construiría un carro con la chatarra de madera de la construcción que hacían en su vecindario. Entonces ellos podrían empujar ese carro bajo este árbol donde ambos recogerían las manzanas y luego llevarían el carro de sitio en sitio como una tienda móvil y le venderían todo a los trabajadores. Sueño americano multiplicado por dos.

Y así de rápido, una de las primeras sociedades del nuevo mundo fue creada y con sus apodos combinados llamaron al negocio Mackie Tosh Apple Cart Company. Nombre pegajoso ¿Cierto?

Geppetto hizo un cartel que decía "Manzanas frescas del árbol" y el negocio despegó como un cohete. Pronto tenían a tres personas recogiendo manzanas por ellos y encontraron la mejor esquina con la mayor cantidad de tráfico para poner su tienda. Las personas hambrientas felizmente pagaban un centavo por manzana (El equivalente de unos 2.675.381,99 dólares con la inflación y la deuda nacional incluida) y vendieron todo su inventario cada día.

Para su información, el tráfico de personas a pie no es una promesa de resultados. Debes hacer tu investigación antes de decidirte por una locación. Pienso que lo he probado con mi fallida elección de colocar un carrito de cerdo en tiras en frente de una Mezquita.

En fin, todo iba bien para nuestros chicos cuando de repente apareció otro negocio de manzanas del otro lado de la calle. Ahora, ellos no tenían un genial carro rodante, pero estaban vendiendo sus manzanas en una tabla hecha con cajas y una vieja tabla de madera.

Y al mismo precio de una manzana por centavo, a pesar de que solo era una pequeña mesa con un padre e hijo llevándola, solo al estar allí les estaban quitando parte del negocio a nuestros chicos. La inevitable competencia asomó su fea cabeza.

Ahora, cualquier hombre de negocios reaccionaría ante este nuevo ataque a su bolsillo. La mayoría de ellos iniciaría rápidamente una guerra de precios y reduciría su precio a, por ejemplo, dos manzanas por centavo. Esta reducción de precio podrá traer los centavos de vuelta, pero necesitarías pagarle a otros tres recolectores para cubrir el nuevo volumen requerido ¿Así que donde está la ganancia? Bienvenidos al mundo de los negocios en 1907.

Y el problema creció mientras que Mackie y Tosh estaban sentados con una taza de cidra de manzana hablando de su próximo movimiento, otra mesa más apareció.

Ellos estaban vendiendo uvas y cerezas, entonces otra estaba vendiendo zanahorias, reduciendo aún más los centavos disponibles para gastar en las manzanas de nuestros chicos.

Después de todo, solo hay una cantidad finita de centavos en el mercado y entre más opciones disponibles, menos vendrán usualmente a ti. ¿Suena familiar?

Antes de que te pudieras dar cuenta ya había un mercado entero de frutas y verduras floreciendo donde una vez solo estuvo el negocio de manzanas MackieTosh.

Después de ver el rápido cambio en sus alrededores y el mercado y sintiendo los efectos en sus bolsillos, nuestros chicos tomaron la decisión de diversificar. Era hora de que Tosh trajera sus habilidades en el manejo de la madera de vuelta al juego.

En la noche, mientras sus recolectores estaban buscando el inventario de mañana, Mackie y Tosh estaban ocupados recolectando madera de desecho de los sitios de construcción.

Trabajaron duro construyendo hermosas mesas, carteles tallados y sillas fuertes para vender a los otros vendedores ambulantes. Y así nació otro negocio.

Los vendedores felizmente destrozaron sus viejas cajas y tablas, que los chicos tomaron y reutilizaron en la construcción de nuevas mesas. Y mientras Mackie manejaba el carro de manzanas, Tosh vendía, entregaba y cobraba pagos diarios de su creciente lista de compradores de muebles.

Pronto, nuestros chicos tenían un agradable y constante flujo de ingresos que superaba con mucho el dinero que pudieran producir con su negocio de manzanas en descenso, pero sabían que aún les faltaba algo.

Con la localización de su stand de manzanas habían tomado una pieza clave de bienes raíces en un mercado muy concurrido y además habían establecido una reputación como un lugar para adquirir mobiliario de calidad.

Las noticias ya se habían esparcido al punto que otros podían venir y ordenar sus mesas y similares, pero necesitaban encontrar una manera de mantener el negocio de manzanas rentable por sí mismo o no tendrían ningún dinero libre después de incrementar los costos del negocio para el inventario de manzanas o el alquiler del huerto.

Después de todo, cuando un producto gana y otro pierde, ese es el verdadero asesino de las ganancias y no vas a ningún lado excepto fuera del negocio.

Es como vender más y más de tus productos pero a precios de descuento. Estas agotando tu disponibilidad de compradores y reduciendo tus ganancias con cada venta. ¿Quiere papas fritas con eso? Con un pedazo de pie de manzana caliente hicieron una lluvia de ideas buscando una manera de mantener a su principal productor de dinero, las manzanas, rentables. Incluso entre el creciente número de competidores.

Tosh estaba sosteniendo una manzana, lanzándola de una mano a la otra cuando se le cayó al suelo. Limpiándola con una esquina de su camisa otro milagro de los negocios ocurrió. Se encontró con la innovación y mejora del producto.

Mientras Tosh la frotaba, la manzana quedó limpia y brillante con un hermoso y vibrante color rojo. Esa misma manzana que vendían como "fresca del árbol", con un movimiento de muñeca se transformó en un nuevo producto. La "manzana brillante" había sido creada.

Por cierto, nuestros chicos habían rentado el pequeño granero en el terreno de un campesino junto al huerto de manzanas en el que construían muebles y almacenaban manzanas y además negociaban los derechos exclusivos para las manzanas del huerto.

Más tarde en la noche, Mackie y Tosh estaban sentados puliendo manzanas para el gran anuncio de su nuevo producto en el mercado la mañana siguiente. Tosh estaba haciendo un cartel en el que se leía Nuevas Manzanas Brillantes cuando todo el cansancio les hizo admitir que habían mordido más de lo que podían masticar. La idea de las manzanas brillantes era demasiado trabajo y necesitaban más ayuda para hacerla realidad.

Pero más trabajadores significaba más dinero y luego de una breve pero preocupante conversación decidieron que la única manera de llevar sus bellas manzanas brillantes al mercado era ¡Cobrar dos centavos por cada una!

Vaya riesgo, cobrar el doble que cualquier otra manzana en el mercado. Pero sabían que la gente en el mercado estaba allí para comprar y esperaban que un buen número de ellos estaría más interesado en la calidad y la innovación que en el precio.

Y funcionó, probando que incluso entonces había gente dispuesta a pagar más dinero por productos de calidad. Que incluso había rumores de que las otras manzanas más baratas tenían gusanos (yo no fui).

Mackie encontró a nuevos empleados que trabajaban en huertos en sus viejas tierras y los trajo al negocio para elegir, pulir y empaquetar. Con esta experiencia adicional y eficiencia, tenían un producto de calidad consistente.

Rápidamente, con sus costos controlados y suministro consistente de este producto exclusivo, el volumen de ventas creció y les permitió abrir más tiendas Mackie Tosh en otras locaciones. Métodos avanzados de producción les dieron la habilidad de producir más manzanas brillantes y además proveer a otros vendedores al mayor. Les cobraban a otros vendedores cuatro centavos por tres manzanas brillantes, tomando control del segmento de calidad del mercado.

Además, su cadena expandida de tiendas que vendían las manzanas brillantes en distintas partes de la ciudad también añadió más crecimiento a su negocio de mobiliario. Y cómo van los negocios, varios lucrativos años después, un fabricante de piedras de moler llamado Mott compró el negocios de las manzanas para su hijo y bueno, el resto es salsa de manzana.

Así que, ¿Qué nos dice está muy posiblemente precisa representación de la creación de un negocio y su evolución?
Hay oportunidades en todos lados. No esperes porque alguien te diga donde para tomar tu decisión y crear tu propio éxito. Los carteles de no se aceptan vendedores son para los otros tipos.

Hay otros individuos de pensamiento similar que están o buscando crear contigo o competir contra ti. Si necesitas un socio, hazlo con una empresa, gerente de ventas, producto y filosofía que esté en línea con la tuya. Tener restricciones sobre cuanto puedes ganar a través de tus esfuerzos y éxitos es una limitación que te reservas el derecho de imponerte a ti mismo.

Hay compradores allí fuera que están interesados en la calidad y están dispuestos a pagar por ella. Miren equipo, los precios son como las opiniones, cada quien tiene una. Justifica tu venta a través de cualquier factor distintivo que le haga valer su precio.

¡Más grande, mejor, más frio, más caliente, lo que sea menos más barato!

Y lo más importante, se necesitan bolas tan grandes como las del Rey de Bayona para salir afuera y hacer que ocurra. No esperes a que el teléfono suene, hazlo sonar. Se el inesperado toque a la puerta del cliente. Se la innovativa voz de la razón y de las expectativas razonables con la que tus clientes se transforman en clientes y mejor aún, clientes que te dan recomendaciones.

En otras palabras ¡Ponte a trabajar!

Monta la Ola

Cerrar o no cerrar ¿Qué clase de pregunta estúpida es esa? Qué bueno que Shakespeare escribía obras y no vendía nada.

Equipo, vamos a reiterar lo obvio. Vender es acerca de cerrar y la manera más sencilla de tener éxito es estar convencido de que puedes y debes cerrar cada venta, en cada ocasión.

Aquí hay un ejemplo perfecto de los factores que involucran tanto cerrar como no cerrar la misma venta.

Escenario 1 – Eres un vendedor de joyas y cierras una venta con un tipo por un anillo de compromiso de diamante marqués de cuatro quilates de 12,000 dólares.

Después de varios cierres de prueba tuviste éxito al ofrecerle que eligiera entre el marqués o una piedra solitaria. Limitaste su selección al utilizar la inteligencia adquirida durante la parte del sondeo de la venta.

Mientras lo sondeabas y le vendías las características y beneficios de cada piedra, te enteraste de que ella tenía largos y delgados dedos y le asististe en visualizar la larga forma del marqués que encajaba perfectamente en su mano.

Él imaginó contigo como la piedra añadiría tamaño y dimensión. La brillante piedra llenaría todo su dedo y sería exactamente lo que ella amaría tener, junto con él, para siempre.

¿Cómo quiere pagar por eso?

Esto fue todo lo que se necesitó para cerrar el trato después de una presentación de ventas maestra, entonces él saca su Amex y paga al instante.

Un trabajo bien hecho, todos felices.

Agradeciéndote una y otra vez y en su evidente emoción estrecha tu mano tres veces y sale disparado de la tienda y se lo lleva a casa a su chica.

Ella dice que sí y todos felices. Él obtuvo el anillo y la chica y lo mejor de todo, tú te quedaste con la comisión. Si, otro final de cuento de hadas, creado por la perfecta presentación de ventas.

Pero las cosas no siempre salen de acuerdo al plan, así que demos un vistazo a

Escenario 2 – Fallas en cerrar la venta y el sujeto se aguanta en comprar el anillo de diamante de cuatro quilates de 12,000 dólares.

Te dice que tiene que pensarlo y mientras lava los platos de la cena, piensa que es una buena idea abrir la conversación y preguntarle a su futura novia para que le ayude a elegir la forma.

Él quiere preguntarle a ella si piensa que preferirá una piedra solitaria o en forma de marqués porque después de todo, él no quiere cometer errores y quiere que ella de verdad, verdad lo ame.

Ahora, absolutamente todo esto es tú culpa porque tú, el no tan profesional vendedor, no le ayudaste a tomar la decisión para él y ella como debiste durante tu presentación pesada y obvia que no cerró la venta.

Después de todo, con poca recolección de inteligencia y casi ninguna pregunta interactiva hecha, no pudiste dar un argumento convincente para ninguna de las dos formas de piedra que le ayudara a tomar una decisión allí y ahora ¿No es cierto?

La obvia falta de preguntas y peor falta de preguntas interactivas que llevaran a una conversación, te dejó con pocas pistas ofrecidas de tu emocionado, confundido y ahora indeciso ticket de alimentación que ahora sale por la puerta.

Si, salió por la puerta sin el anillo y peor, lo dejaste irse con tu comisión. Pasa todos los días, no puedes escribir estas cosas te lo digo, bueno yo puedo, así que aquí va.

Fallaste en cerrar y el tipo se aguanta en comprar el anillo de diamante de cuatro quilates de 12,000 dólares pero si te da algo.

Te da una promesa.

Te prometió en la cara con total sinceridad que estaría de vuelta a primera hora de la mañana una vez ella se decida en la forma del anillo que quiere. Incluso te pregunta a qué hora abre la joyería.

¿Buenas intenciones? No se paga comisión por las buenas intenciones.

Esa noche en casa estas cenando emocionado porque tendrás una gran venta mañana. De hecho, te imaginas en ese mismo momento que él está en casa secando los platos de su cena y preguntándole a ella por el anillo.

Él dice, "Corazón, tu anillo de compromisa de diamantes, que es un símbolo de mi verdadero y eterno amor por ti ¿Te gustaría que la piedra sea una Solitaria o Marqués?"

Pero en realidad, después que él hace esa pregunta, de la nada con solo la simple pregunta como provocación, ella se embarca en un viaje, inexplicado a través del tiempo y la humanidad, enloqueciendo como solo una mujer puede.

No solo una explosión emocional cualquiera inducida por las hormonas femeninas, sino una diatriba con el nivel de un abuso verbal reprimido de pre, en medio y post menstruación. Típicamente reservado para cuando las tiendas no tienen zapatos de su talla y ella no puede imaginarse vivir sin ellos. (Confía en mí en esto)

Esta mujer es ahora una tormenta desatada solo buscando una rotura en las costuras y una vez encuentra la venganza se escapa con salvaje abandono.

El pobre torpe preguntó lo que pensó era una simple y maravillosa pregunta y estaba esperando una respuesta amorosa. En su lugar, fue una pregunta que rompió la costura y por allí salió, como una tormenta en el mar, peligrosa, salvaje y sin advertencia.

Empieza a agredirlo verbalmente como si fuera una mula de alquiler, reprendiéndolo preguntas más y más acaloradas y acusación tras acusación.

"¿Diamante? ¿Quieres comprarme un diamante? ¿Puedes asegurarme que definitivamente es un diamante no procedente de zonas en conflicto? ¿Revisaste el origen? ¿Lo sabes? ¿Siquiera te importa?"

Ella continua con un "¿Estas totalmente consciente de las condiciones de vida y la difícil situación que sufren esas pobres personas para recolectar esas piedras solo para que podamos tenerlas adornando nuestras manos?"

Nota de la historia - ¿Crees que esas condiciones son malas? Deberías intentar el verano, llevando ese abrigo negro completo y el sombrero grande en Nueva York en la calle 47th. Solo pregúntale a mi joyero, caliente, muy caliente te dirá.

Ella continúa con la embestida verbal con la energía de un buitre dando vueltas en círculo sobre su presa hasta que la muerte es bienvenida. Su tortura sigue hasta tarde en la noche mientras él se para frente al lavado y limpia a mano cuidadosamente su traje para la marcha anti Trump de mañana.

Una camiseta sin mangas de cáñamo orgánico teñido con la señal de la paz y para el momento en que termina de lavarlo va a desear poder secar la camiseta y fumarse el cáñamo para permitir que la voz que ella se funda en una neblina de placer inducido por la hierba.

Oh vaya, lo siento por ir a la deriva por un minuto. Lo admito, la he inhalado, repetidamente, pero no soy candidato a la presidencia. Aunque tengo grandes ideas y me gustaría recibir un premio Nobel por mis buenas intenciones.

Hombre, mataría por un premio Nobel de la Paz, estoy divagando de nuevo lo siento, ok, de vuelta a la historia.

117

Así que aquí está él, profundamente enamorado y preocupado de que su símbolo (Vaya símbolo de 12 mil dólares ¿Verdad?) de amor sea todo lo que tiene que ser.

Pero esta perra loca está parada encima de él diciéndole por qué comprar un diamante de sangre es el peor crimen contra la humanidad y como ella no podría soportar llevar un recordatorio de la carga de esa horrible tragedia inhumana con ella todo el tiempo, solo para tener un anillo.

Justo entonces cuando pensó que la tormenta finalmente había pasado, ella pasa otros quince minutos dejándole bien en claro el imbécil insensible que debe ser para no pensar en el efecto mundial directamente relacionado con su compra poco educada.

Entonces le dice que siempre debería pensar en otros antes de gastar su dinero.

Pero con suerte no todo su dinero, porque después de la marcha al centro contra el privilegio blanco y las restricciones al salario mínimo, hay una gigantesca rebaja de zapatos y necesita dinero para dos o tres pares.

Ok chicos, ahora sé que estoy pensando lo que él está pensando, que es, "Siempre he querido tener a alguien a quien sostener y alguien a quien amar. Ahora que te he conocido, he cambiado de opinión." Entonces él se ahorró 12 mil dólares al no comprar el anillo.

Bajo esas circunstancias podemos perdonar a este sujeto por no volver a comprar el anillo.
Pero tenemos que terminar esta lección, que habría prevenido la perdida de la venta en primer lugar, así que continuamos.

Hay vendedores allí fuera que piensan que la gente es genuinamente honesta si te dice que volverá mañana con los 12 mil dólares, que nada podría posiblemente cambiar eso. Tanto tú como el blanco piensan que la vida es simple, ella elegirá una forma y él estará allí para pagar.

En el inocente mundo de este vendedor, él está seguro que cuando llegue mañana, el sujeto va venir paseando de regreso sacudiendo una tarjeta de crédito en el aire y comprando uno de esos anillos de compromiso de diamante de cuatro quilates de 12 mil dólares.

Si, se lo imagina tan vívidamente en su mente ¿Pero es esto lo que la vida tiene en mente para él al día siguiente?

A las nueve de la mañana allí está el ansioso vendedor. Sentado en la joyería él sabe que ese sujeto vendrá saltando dentro temprano porque estaba genuinamente emocionado por comprometerse.

El vendedor siente que hizo un gran trabajo explicando las cualidades de ambos diamantes y que todo lo que el cliente necesitaba era preguntarle a ella una simple pregunta y la venta estaba cerrada. El sujeto descubriría rápida y fácilmente cual forma le gusta a ella y volvería a primera hora para comprarlo.

En su tierra de cuentos de hadas, él cree que es un trato cerrado, una venta sólida. Pero el cliente aun no llega y ya es casi mediodía así que el vendedor empieza a cuestionarse a sí mismo.

Una y otra y otra vez se pregunta ¿Dónde está este sujeto?

Se hace tarde pero se figura que mejor se salta el almuerzo, después de todo no querría perderse al cliente y arriesgarse a perder un trato tan grande.

Se imagina que debe haber mucho tráfico o poco espacio para parquear por alguna carrera de 5 kilómetros o desfile o algo más que ocurre hoy.

Ey, allí está ese Twinkie a medio comer en el cajón ¿A nadie le importa que se lo coma?

Cuatro de la tarde ¿Qué carajo? Muerto de hambre y enojado y todo lo que ha vendido hoy fueron dos baterías de reloj y un talismán bañado en oro que pagarán a plazos. ¿Dónde diablos está el tipo del anillo de diamantes?

A las seis de la tarde, el jefe grita del otro lado de la tienda, hora de cerrar y apaga las luces. Lo cierto es que este vendedor no sacó ni diez céntimos de este tipo enamorado y es 100% su maldita culpa.

Te veo asentir con la cabeza de acuerdo con lo que digo. (Hablo figurativamente, no puedo verte realmente. Está bien leer mis libros en el baño. En serio.)

¿Dónde arruinó este tipo la venta y por qué no cerró? Ponte en los zapatos de este vendedor y siente su gran error.

En términos simples, no estaba montando la ola. Para esta venta emocional el cliente necesita estar enamorado de ti, el vendedor, no de ella. Él ya estaba enamorado de ella cuando entró a la tienda.

Era el trabajo del vendedor capitalizar la condición debilitada de este sujeto, estar de acuerdo con su decisión de casarse, también de estar enamorado de ella (si a ella le gustan esas cosas) y darle a él lo que quería y necesitaba allí y ahora.
Habría sido lo mismo si el amara pescar y tu vendieras cañas de pescar o si ama los autos y tú le ayudas a decidir el color.

Este tipo enamorado necesita ayuda gastando su dinero, así que ayúdalo a decidir qué es lo mejor para él y por amor a Dios toma su dinero.

Incluso este ejemplo de un pedazo de mierda de excusa de hombre, pobre, subyugado, destinado a una vida de miseria que tenía dinero que gastar y que nunca volvió a comprar un anillo, se habría beneficiado de gran manera de la atención de un profesional en cerrar ventas.

Si el vendedor hubiera hecho su trabajo y cierra esa venta allí mismo, cuando él entrara en esa casa con una gigantesca piedra de cuatro quilates de cualquier forma y se la hubiera puesto en su dedo, habría superado toda esa basura hippy, socialista, diamantes de sangre y salvar el mundo.

Con su recién descubierta confianza, una botella de Jack Daniels en su mano y una pieza de carbón comprimido en su dedo, él habría agarrado a esa perra y la habría inclinado sobre el lavado gritando con fuerza "vamos a casarnos" mientras ella lanza platos al piso y grita "si" con más fuerza.

Yo llamo a eso llevar a casa la esencia del capitalismo. ¡Hombre, como amo vender!

Le pedí a mi secretaria por un poco de ayuda matemática. Le pregunté si te doy 14,800 dólares menos el 12% cuanto te quitarías.

Me dijo que todo menos sus aretes de diamantes. Seguro como el infierno que te hace desear ser el tipo que vende diamantes ¿No es cierto?

Por cierto, aun no conozco a la mujer que no ame un diamante y si conoces a una por favor déjamelo saber porque me quedé atorado con un par de zirconios cúbicos.

Que te puedo decir, estaba viajando en el extranjero y parecían lo suficientemente reales, él era realmente un gran vendedor y quede como atrapado en el momento.

Ok, no más fantasías, de vuelta a nuestros temas serios de vender y tener ganancias. Recuerda que a nadie le importa que te ganes la vida más que a ti. Nadie te va a regalar nada, tienes que ganártelo.

Un sujeto se me acercó en la calle y dijo. "No he comido nada en tres días". Yo le dije "Desearía tener tu fuerza de voluntad."

De todos modos, pregúntate a ti mismo, además de vender ¿Qué podrías hacer?

Una vez cuando mi confianza en mis habilidades de venta eran bajas, traté de ser salvavidas, pero entonces un niño azul hizo que me despidieran.

En la ciencia de vender -y no dejes que nadie te engañe, es una ciencia- es todo sobre cerrar.

Equipo, su trabajo no es presentar, no es hacer preguntas y no es convencer a nadie de nada. Esos son solo pasos y herramientas que usas para hacer tu único trabajo.

¡Cerrar el trato!

Tu primera pregunta en toda situación de ventas puede ser simplemente "¿Cómo le gustaría pagar?"

El comprador serio podría decir simplemente que en efectivo o financiar.

El serio pero indeciso podría preguntarte "¿Cómo puedo pagar?" Y entonces un cierre instantáneo de por supuesto que en efectivo o financiado.

Eliminar a los compradores de los verdaderos compradores debería pasar al momento en cada situación de ventas.

Recuerda que a diferencia del actor en una obra que recibió su paga por adelantado de la venta de entradas, cuando el telón baja en tu oportunidad de ventas necesitas un trato cerrado, a mano o solo diste una función gratis.

Cerrar o no cerrar ¿Qué clase de pregunta estúpida es esa?

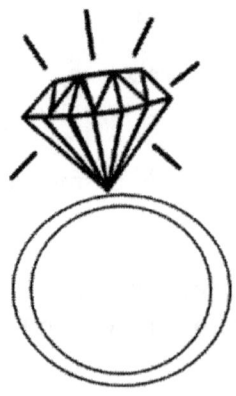

El rugido del motor

Mi primer auto fue un my usado y de dos segundas manos Chevy II negro de 1966 con un motor de seis cilindros, una sed constante de aceite y una batería cuestionable.

Y no importa lo que yo hiciera, no había forma de convertir a ese viejo autor en uno de esos ruidosos monstruos que muchos otros chicos estaban conduciendo por el viejo vecindario.

Pero como un chico joven que quería pertenecer, hacía lo mejor que podía para añadir un silenciador glasspack Cherry Bomb y colocar algunas pegatinas de STP.

Hacer algo de ruido y además tener algunos de los mismos colores y logos en mis defensas era lo más cercano que podía estar de los sujetos con los autos grandes en la calle, pero a los ojos del espectador normal, era uno de esos chicos con un auto genial porque lucía y sonaba así como ellos.

Ahora estarás murmurando, como demonios va a hacer la transición a algo que me importe y más importante ¿Cuándo?

Las respuestas son, fácil y ahora mismo.

Piensa en tus propias experiencias de vida por un minuto. Tú ves un juego de béisbol o baloncesto y siempre hay un sujeto, ya sea un chico o un profesional, que solo por su cara sabes que está haciendo lo que más ama hacer en el mundo.

Simplemente mira más allá de la máscara facial en el casco de jugador de fútbol de ese camión de carga humano que casi arranca la cabeza del corredor con la pelota. Eso no es jugar un partido de fútbol, sino el amor de jugar lo que ves en sus ojos.

Quizás la lección más reveladora en mi vida fue ver un musical de Broadway y darme cuenta que pese a esas sonrisas falsas brillantes y amplias, podías ver la concentración y el exigente esfuerzo en la cara de los bailarines.

Todos menos uno o dos que destacaban y parecía que estuvieran flotando sin esfuerzo a través de su tierra de la fantasía particular.

Como esa bolsa de plástico flotando en el estacionamiento del Wal-Mart, sin ningún pensamiento, ocurriendo naturalmente por el viento. Allí está, eso despertó tus sentidos ¿Cierto?

Están esos que necesitan intentarlo y esos que solo necesitan hacerlo, cual es cual es bastante obvio para todos en la audiencia.
Cuando estas vendiendo, otros te están viendo actuar. Como mi hermano mayor me recordó de nuevo hoy mismo, solo habla de lo que sabes.
Si profundizas en áreas que son inciertas o incómodas para ti y te reta alguien que de hecho sabe de lo que está hablando, te pondrás nervioso e incluso si tus respuestas son correctas, podrías perder el trato porque estás pensando demasiado, el cliente siente eso.

Sé que suena loco, pero cuando piensas demasiado, estas telegrafiando mucho más de lo que dices. Las arrugas, el bizqueo y el aire de incertidumbre suena como una campaña. ¡Y no puedes echar atrás el sonido de una campana!

Concedo que no podemos aprender todos los aspectos de todos los productos en nuestros maletines de ventas, pero las posibilidades son muy buenas de que tu blanco sepa lo que está buscando así que ¿Por qué no preguntarle?

Simplemente pregúntales que es lo que están buscando y entonces dales, consigue o encuéntrales su información.

Esto te pondrá sólidamente en tu zona de confort de presentar y cerrar en la que tienes una experiencia sólida como la roca y no arañando entre tu base de conocimiento por pequeñas piezas de información.

Después de todo, no pasaste ocho años en la escuela de ingeniería y entonces quince años practicado su profesión así que no deberían esperar que sepas todas las respuestas.

Se espera que seas el proveedor con conocimiento básico y un arreglo de pago y entrega. El cliente elige que quiere comprar. Aquí está un ejemplo de la vida real por virtud de mi hermano diciéndome que intente no ser un imbécil.

En mi empresa, tenemos una nueva pieza de equipo que tiene una bomba CFM 440. ¿Qué demonios significa eso y que tanto es un CFM? (Pies Cúbicos por Minuto)

La sugerencia de mi hermano fue encontrar cuantos pies cúbicos de agua tiene una piscina olímpica (lo cual hice con Google.) Divide ese número entre 440 y sabrás la cantidad de tiempo que le toma a tu bomba vaciarla. Una buena característica general y declaración de beneficios que muestra cierta familiaridad con el producto independientemente de la profundidad de tu conocimiento.

Resulta que, con este nuevo equipo podíamos bombear y vaciar toda una piscina de suelo en solo tres horas y media. Bastante impresionante cuando me enteré que toma días llenar esa misma piscina con una manguera de jardín.

Ahora tengo una historia simple que mi equipo de ventas puede decir, respaldada por dos geniales pero simples herramientas de venta fotográficas. Una toma del equipo con la bomba y una de una piscina llena de agua.
Añade a ese intercambio una simple pregunta como "¿Cuánto necesitas bombear?" y su mente de ingeniero hará el resto.

Muestra y di para que puedas seguir haciendo lo que amas hacer sin pensar demasiado y no adivinar. Decir una historia e involucrarte con una conversación interactiva hará que la compra sea tan satisfactoria para el cliente como la venta lo es para ti.

Ayudar al blanco a unir todas las piezas del rompecabezas, pero no hacerlo por ellos, es la clave.

Tu blanco está hablando contigo porque tiene curiosidad. O quieren comprar pero necesitan un poco de ayuda siendo empujados al borde de la decisión. La mayoría no quieren que les vendas. Deja que se salgan con la suya. Déjalos comprar.

Ellos no están hablando contigo porque estén aburridos y si lo están lo sabrás con la primera pregunta que les hagas. Entonces te largas de allí y encuentras a un comprador serio.

Haz lo que amas y deja que tu blanco comparta la experiencia que culmina con una firma, un telón que baja y después sal del escenario por la izquierda.

Por cierto, solo para que sepas un poco de este autor, aunque dirijo un equipo de ventas para empresas, mis responsabilidades siempre involucran trabajar con un territorio y cumplir con una cuota. No creo que nadie pueda estar en contacto con su mercado sentado detrás de un escritorio.

¿De verdad lo quiere tu clientes?

Quiero decir ¿De verdad lo quieren tanto como tú quieres que lo tengan?

Aquí de verdad necesitas leer las señales, el lenguaje corporal, verbal, incluyendo la inflexión de las palabras y la energía que ponen en sus movimientos y acciones.

Esta puede ser una de las partes más difíciles de la venta, pero para convertirte en un maestro de las ventas debes aprender a prestar atención a cada detalle.

Ofrezco el siguiente ejemplo.

Un día en Beaufort, Alabama, resultó que estaba en una pequeña tienda general en la zona. Vendían de todo, desde retretes y helado hasta tabaco para masticar.

El cartel en el mostrador decía, "La Corte está en sesión" y a través de una puerta parcialmente abierta al cuarto de atrás fui testigo del mejor ejemplo de "que tanto lo quieres y cuando creativo te puedes poner para hacer que suceda."

Sentado junto al juez en la silla del testigo estaba una joven mujer de quizás veinticinco años. En la primera fila estaba un hombre que me enteré luego que era su esposo y dos pequeños niños de quizás seis o siete años. Todos ellos estaban llorando a mares.

El juez pregunta. "¿Señora, se robó usted esa lata de melocotones?" Y entre lágrimas ella dijo "Si su señoría, lo hice." El esposo abrazó a los niños.

El juez entonces preguntó "¿Señora, por qué se robó usted los melocotones?" Y la mujer susurró "Porque tenía hambre." Y lo niños lloraron con fuerza.

Entonces el juez preguntó, "¿Cuantos melocotones había en la lata?" Y la mujer luchó para contener las lágrimas y dijo "Cuatro"

"Entonces pasará cuatro noches en la cárcel" dijo el juez en voz alta mientras estrellaba su martillo contra el escritorio. Entonces, el marido levantó la mano y dijo

"Juez, me gustaría hacer una declaración en nombre de mi esposa, verá su señoría, para ser honesto ¡Ella también se robó una lata de maíz!"

¡Ahora si es verdad que la deseaba!

Tuve una cita con el doctor

Me dijo que la cosa que le gustaba más de mi era mi personalidad feliz, positiva y edificante.

Le dije que era un vendedor y que me pasaba todo el día imponiendo mi voluntad a otros y ayudándolos a hacer lo que era mejor para ellos mientras ganaba dinero por ello.

Me dijo que tenía muchos pacientes que estaban trabajando en ventas pero que no estaban tan comprometidos con la vida como yo.

Le dije que tenía una nueva novia de 27 años y que quizás eso estaba ayudando con mi comportamiento.

Con una voz severa y una ceja levantado me dijo "Ira, necesito ser muy honesto contigo. A los sesenta y un años y en tu condición física, el sexo con una chica de menos de la mitad de tu edad puede ser fatal."

A lo que yo dije "Doctor, déjeme hacerle esto fácil de entender y tan políticamente correcto como sea posible. ¡Si la mata, pues que la mate!"

Y te digo lo mismo a ti. Cierra el trato ¡No va a matarles!

Buena suerte y buenas ventas.

Ira

Sobre el Autor

¡Lee y disfruta todos mis libros y ayúdame a mantenerme en un agradable y cálido clima!

Trilogía de las Aventuras de Sparky
En búsqueda del tatuaje de mariposa
Las galletas de la fortuna no mienten
El pirata usaba zapatos de madera

Ventas
Excrementos de Dinosaurios – Consejos de un Vendedor de la vieja escuela
Ocupa esto – Cierra esa venta
La venta está cerrada – Deja de hablar

Especialidad
Recovering From Heart- Surgery. Going Home (English)

Recuperándose de una cirugía del corazón. Volviendo a casa (Edición en Español)

www.ingramcontent.com/pod-product-compliance
Lightning Source LLC
Chambersburg PA
CBHW071444180526
45170CB00001B/447

* 9 7 8 1 5 4 7 0 5 6 4 4 6 *